고등학교 3년 길라잡이

서영수

고등학교 3년 길라잡이

발행		2023년 5월 8일
저자		서영수
디자인		어비, 미드저니
편집		어비
펴낸이		송태민
펴낸곳		열린 인공지능
등록		2023.03.09(제2023-16호)
주소		서울특별시 영등포구 영등포로 112
전화		(0505)044-0088
이메일		book@uhbee.net

ISBN | 979-11-93116-22-7

고등학교 3년의 비밀

서영수

목차

머리말

고등학교 3년의 시간은 많은 학생들에게 어렵고 스트레스가 많은 시간이다. 교과 과정의 학업 요구부터 또래 관계의 사회적 압력에 이르기까지 학생들은 중학교에서 고등학교로의 전환을 탐색하면서 많은 어려움에 직면한다. 고등학교와 중학교 환경에서 모두 근무한 교사로서 이러한 학교 급의 전환이 학생들에게 어떤 영향을 주는지 직접 목격했다.

이 책은 학생들이 고등학교의 도전 과제를 헤쳐 나갈 때 성공을 위한 로드맵을 제공한다. 교사로서의 경험과 학생들이 직면하는 고유한 문제에 대한 이해를 바탕으로 학생들이 고등학교와 그 이후에 잘 성장할 수 있도록 실용적인 조언과 지침을 제공한다.

고등학교로의 전환은 학생들에게 중요한 변화와 성장의 시기이기 때문에 특히 어렵다. 중학교에서 학생들은 여전히 자신의 정체성을 개발하고 사회적 네트워크를 구축하라고 격려받지만, 고등학교에서는 더 큰 학업적 책임을 맡고 고등학교 이후의 미래를 준비해야 하는 요구에 직면한다. 이는 많은 학생들에게 불안, 자기 의심 및 당혹감을 느끼게 한다.

학생들이 고등학교에서 직면하는 주요 과제 중 하나는 교과 과정의 엄격한 학업에 적응하는 것이다. 고등학교 과정은 종종 중학교 과정보다 더 도전적이며 학생들은 시간 관리, 학습 습관 및 비판적 사고에 대한 새로운 기술을 개발해야 한다. 이 책에서는 시간 관리, 학습 전략, 성장 마인드셋 개발에 대한 팁을 포함하여 학업적으로 성공하는 방법에 대한 실질적인 조언을 제공한다.

고등학교의 학업 요구 외에도 학생들은 다양한 사회적 압력에 직면한다. 새로운 친구를 사귀는 것부터 파벌과 또래 압력에 대처하는 것까지 고등학교는 어렵고 복잡한 사회 환경이다. 이 책에서는 학급친구들과 긍정적인 관계를 구축하는 방법, 사회적 틈새를 찾는 방법, 일반적인 사회적 문제에 대처하는 방법에 대한 지침을 제공한다.

고등학교에서 학생들이 직면하는 많은 도전의 중심에는 정체성과 목적의식을 개발해야 할 필요성이 있다. 고등학교는 개인이 크게 성장하는 시기이며 학생들은 종종 자신이 누구이며 인생에서 무엇을 하고 싶은지에 대한 질문과 씨름한다. 이 책에서는 자신의 열정과 관심을 탐구하는 방법, 과외 활동을 추구하는 방법, 고등학교를 자신의 정체성을 발견하는 기회로 활용하는 방법에 대한 지침을 제공한다.

고등학교 생활은 스트레스가 많고 힘든 시간일 수 있으며, 학생들이 이 기간의 어려움을 헤쳐나갈 때 자신을 돌보고 자신에게 친절해지는 것이 중요하다. 자기 관리 방법, 스트레스와 불안을 관리하는 방법, 자존감과 자신감을 키우는 방법에 대한 지침을 제공한다.

교사로서 학생들이 고등학교에서 직면하는 어려움을 직접 목격했다. 또한 많은 학생들이 이러한 도전에 대해 탄력성을 갖고, 실천하는 모습, 결단력을 가지는 모습을 보았다. 이 책이 학생들이 고등학교의 복잡성을 헤쳐나갈 때 지침과 자원이 되기를 바란다. 이 책이 학생의 삶에서 이 중요한 시기를 탐색하는 데 귀중한 통찰력과 지침을 제공할 것이라고 믿는다.

<본 도서는 Chat-GPT, Bing에서 글쓰기를 했으며 그림은 Midjourney, Bing에서 그렸습니다. 전체 디렉팅은 저자가 진행했습니다.>

저자 소개

서영수는 고등학교와 중학교를 모두 경험한 교사로서 중학교에서 고등학교로 진학하는 과정에서 수많은 학생들이 직면하는 어려움을 직접 목격했다. 고등학생들이 어려움을 겪는 과정을 관찰하고, 조력하며, 고등학교 3년간의 도전이 학생들에게 학문적 또는 사회적일 뿐만 아니라 매우 개인적이라는 것을 이해하게 되었다. 교사로서 학생들을 돕기 위해 노력하며, 학생들이 직면한 고유한 문제에 대한 깊은 이해를 바탕으로 지속적으로 학생들을 지도하고 있다. 현재 고교학점제의 일환으로 온라인 공동교육과정 강사로 활동하며 고등학교의 학교자율과정, 고교학점제 등의 교육변화에 깊은 관심을 갖고 있다.

01
차원이동의 어려움

중학교에서 고등학교로의 전환은 차원 이동에 비유할 수 있다. 이전의 중학교 생활에 비교하면, 고등학교 생활은 완전히 새로운 경험과 기회의 세계를 소개하는 심오한 변화이기 때문이다. 고등학교 경험은 다양한 측면에서 중학교와 상당히 다르며 학생들은 이 새로운 영역에서 성공하기 위해 적응하는 법을 배워야 한다. 중학교와 고등학교의 주요 차이점과 그로 인해 발생할 수 있는 문제는 다음과 같다.

- 중학교와는 차원이 다른 고등학교

중학교가 지금까지 습득한 정보를 적용하여 기초를 다진다면, 고등학교는 학생들이 비판적으로 사고하고 배운 모든 것을 더 복잡하고 고급 작업에 적용할 수 있는 플랫폼 역할을 한다. 고등학교 교육은 학생들이 지적으로 성장하고 새로운 기술을 개발하며 다재다능한 개인이 되도록 하는 것이다.

고등학교는 학생들이 분석, 종합 및 평가와 같은 고차원적 사고 능력을 배양하도록 권장한다. 이러한 기술을 통해 학생들은 도전적인 텍스트에 참여하고, 미묘한 주장을 해석하고, 실제 문제를 해결하기 위해 지식을 적용할 수 있다.

고등학교 과정은 종종 학생들이 보다 고급이고 실용적인 방법으로 지식을 적용하도록 요구한다. 학생들은 복잡한 개념에 대한 이해를 보여주는 실험을 설계하거나 연구를 수행하거나 독창적인 작품을 만들도록 요청받을 수 있다. 응용 프로그램에 대한 이러한 강조는 학생들이 공부하는 과목에 대한 더 깊은 이해를 얻고 미래의 학업 및 직업 추구를 위해 준비하는 데 도움이 된다.

고등학교는 종종 학생들이 프로젝트, 프레젠테이션 또는 그룹 과제를 함께 수행하는 협력 학습 경험을 장려한다. 중학교에서 발표과제는 학생의 수행수준과 완성여부를 판단하는 간단한 수준이었다면, 고등학교에서는 모든 내용이 산출물로 제출을 요구받고 학생들의 수행과정에 대한 교사의 관찰이 이루어진다. 이는 학교생활기록부에 기록되며, 대학입시에 중요한 역할을 한다.

또한, 고등학교에서 배우는 내용은 고등 교육 및 취업 성공의 디딤돌이다. 학생들은 고등학교 수업시간에 배우는 내용을 토대로 자신의 지식과 기술을 적용하여 잠재적 진로를 탐색하고 대학 수준의 과정을 준비하도록 권장된다. 대학 및 진로 상담이 모두 학업성취를 기반으로 진행된다.

중학교 교과목은 국어, 영어, 수학, 사회, 과학 등의 교과로 이루어지며, 3년동안 일부 과목을 제외하고는 같은 과목들의 반복으로 시간표가 구성된다. 그러나 고등학교는 고1, 고2, 고3에서 배우는 과목이 모두 다르다. 심지어 모든 학생이 동일한 과목을 배우는 것이 아니라, 학생마다 선택에 따라 다른 과목을 이수하게 된다. 고등학교 1학년의 공통 과목을 제외하고는, 모든 학생들이 다 다른 과목을 배우는 셈이다.

고등학교에서 학생들은 다양한 선택 과목 및 전문 과목을 선택하여 자신의 관심과 열정을 탐구할 수 있는 기회를 갖는다. 이러한 선택의 자유를 통해 학생들은 자신의 목표와 열망에 부합하는 과목에 집중하여 교육을 개인화할 수 있다. 이러한 전문 과정을 통해 학생들은 진정으로 관심이 있는 분야에 자신의 지식과 기술을 적용할 수 있다.

고등학교 교육은 단순히 중학교에서 습득한 지식을 바탕으로 하는 것 이상이다. 고등학교에서는 학생들이 비판적으로 사고하고, 배운 내용을 고급 및 실용적인 방식으로 적용하고, 전문 과정과 선택 과목을 통해 관심 분야를 탐구하도록 권장한다. 고등학교는 기초 학습과 현실 세계 사이의 가교 역할을 하며 학생들이 대학, 직업 및 그 이상에서 성공할 수 있도록 준비시키는 곳이기 때문이다.

- 고등학교 1학년이 중요한 이유

고등학교 1학년에서의 학습 성취도가 높을수록 대입에 유리하다. 입시가 가까워질수록 공부를 완전히 처음부터 시작하는 것보다 꾸준하게 성적 유지나 발전을 해 온 학생이 유리하다. 왜냐하면 대입 시에는 고등학교 1학년의 학습 성취도가 계속 유지되기 때문이다.

고등학교에서는 벼락치기 공부가 잘 통하지 않는다. 따라서 고등학교 1학년부터 기초적인 공통과목을 철저히 공부하고 이를 꾸준히 유지하는 것이 미래 대학생활에서의 학습에 큰 도움이 된다. 고등학교 1학년에서의 학습은 대학교 입학 후에도 계속 유지되는 경향이 있다. 이는 고등학교 1학년에서의 성취도가 성인학습자가 된 이후에도 계속 유지되기 때문이다.

대학입시에서 고등학교 1학년의 성적은 매우 중요한 역할을 한다. 대학교 입학 시 평균 학업성취도는 대학별로 다르지만, 고등학교 1학년의 성적은 대입 시 필수로 고려되는 대상 중 하나이다. 즉, 고등학교 1학년의 공통과목 성적이 좋을수록 대학 입시에서 유리한 위치에 있을 수 있다는 것이다.

대학교 입학 시 고등학교 1학년의 성적은 대학교 입학 시 평균 학업성취도를 결정하는데 큰 역할을 한다. 대부분의 고등학교는 1학년 교육과정으로 공통과목 위주의 9등급 산출과목을 구성한다. 내신 상대평가 체제에서 9등급이 산출되는 과목은 고등학교 1학년에 집중되어 있다고 해도 과언이 아니다. 고등학교 2학년부터 선택과목을 수강하게 되는데, 이때는 과목 성격에 따라 성취도A, B, C의 전문교과가 있을 수도 있다. 고등학교 1학년의 과목은 대부분 9등급이 산출되는 과목이기 때문에 더 중요하다.

또한, 대학교 입시에서 고등학교 1학년 성적이 중요한 이유 중 하나는 학생들의 학습 능력과 태도를 평가하기 때문이다. 학생의 대학교 입학 시 학습 능력과 태도가 얼마나 좋은지를 평가하는 것은 학생들이 대학교에서 성공적인 학습을 할 수 있는지, 대학생활에서 발전할 수 있는지를 결정하는 중요한 요소가 된다.

따라서, 고등학교 1학년에서 우수한 학업성취가 있는 학생들은 대입에서 유리하게 작용할 수 있으며, 이는 대입 후에도 학습에 큰 도움이 된다. 학생들은 고등학교 1학년에서부터 공부에 최선을 다하고, 학습 성취도를 꾸준히 유지하며 대학 입시를 준비해야 한다.

고등학교 1학년은 다음 해에 더 고급 과정을 위한 토대를 마련한다. 공통 과목에서 높은 성적을 달성하면 학생들이 이러한 핵심 영역에서 탄탄한 기초를 다지고 고등학교를 통해 발전하면서 성공할 수 있는 기반을 마련할 수 있다. 대학 입학 사정관은 종종 지원서를 평가할 때 학생의 누적 성적을 확인한다. 고등학교 1학년 때 좋은 성적을 거두면 학생들이 조기에 높은 성취도를 달성하는 데 도움이 될 수 있으며, 고등학교 생활 전반에 걸쳐 이를 유지하거나 향상시킬 수 있다.

고등학교 1학년 때 우수한 성적을 거두면 학생들이 대학 입학 시험(수능)을 미리 준비할 수 있다. 고등학교 1학년 교육과정의 내용을 숙달함으로써 학생들은 이러한 시험에서 자료를 더 잘 다룰 수 있고 우수한 성취를 얻을 수 있다.

고등학생은 일반적으로 1학년 때 어떤 대학이나 전공을 추구하고 싶은지 명확한 생각이 없다. 그러나 학생들이 어릴 때부터 미래 진로와 대학 목표에 대해 생각하기 시작하도록 격려하는 것은 동기 부여와 준비 측면에서 유익할 수 있다.

특히 "확률과 통계", "미적분", "기하"과 같은 수학 과목과 탐구 영역의 사회 과학 및 과학 과목에 관해서는 학교가 제공하는 과목을 신중하게 고려하는 것이 중요하다. 특정 대학은 입학 과정에서 특정 과정을 요구하거나 특정 과정에 대해 추가 점수를 제공할 수 있기 때문이다. 예를 들어 일부 대학은 자연 과학 범주에서 "미적분" 또는 "기하"만 고려하는 반면 다른 대학은 탐구 영역의 과학 과정만 고려하기도 한다.

만약, 고등학교 1학년 동안 학생이 어려움을 겪고 있다면 대학 입시 전에 약점을 파악하고 개선할 수 있는 기회를 제공한다. 이러한 문제를 조기에 해결함으로써 학생들은 학업적 지위를 향상시킬 수 있다.

고등학교 1학년에서는 대부분의 학교에서 공통으로 국어, 영어, 수학, 국사, 도덕, 과학, 체육, 미술, 음악 등의 과목을 배운다. 이는 기본적인 과목으로서 대부분의 대학교 입시에서 필수적으로 고려되는 과목이다. 특성화고등학교나 특수목적고등학교라 하더라도 고등학교 1학년의 공통과목은 반드시 이수하게 되어있다. 따라서 전국의 모든 고등학생이 이수하는 공통과목에서의 성취는 대입에서 중요한 기준이 된다.

학교에 따라 해당 분야의 전문과목이 개설되는 경우가 있는데, 이 때에도 고등학교 1학년의 공통과목은 학습의 기초가 된다. 예를 들어, 과학고등학교에서는 물리, 화학, 생물 등을 전문적으로 배우는 고급물리

, 고급화학 등의 과목이 개설되는데, 이 때에는 고등학교 1학년에서 배우는 공통과학, 과학탐구실험의 과목내용이 기반이 된다.

<2024 대입 수능에서 영역별 선택 과목을 지정한 수도권 소재 대학>

영역		대학명
수학	미적분, 기하 택1	가천대, 가톨릭대, 건국대, 경희대, 고려대, 광운대, 국민대, 단국대, 덕성여대, 동국대, 동덕여대, 서울과기대, 서울대, 서울시립대, 세종대, 숙명여대, 숭실대, 아주대, 연세대, 이화여대, 인하대, 중앙대, 차의과대, 한국항공대, 한양대(ERICA), 한양대, 홍익대 등
탐구	과학탐구 택2	가천대, 가톨릭대, 강원대, 건국대, 경희대, 고려대, 광운대, 국민대, 단국대, 덕성여대, 동국대, 동덕여대, 서강대(1과목 이상), 서울과기대, 서울대, 서울시립대, 성신여대, 세종대, 숙명여대, 숭실대, 아주대, 연세대, 을지대, 이화여대, 인천대, 인하대, 중앙대, 차의과대, 한국교원대, 한양대(ERICA), 한양대, 홍익대 등

(※ 2022년에 발표된 2024 대입 시행계획 발췌자료이며, 2025년 시행계획은 2023년 4월 말 발표 예정)

02
고등학교 대전환

중학교에서는 절대평가로 미리 정해진 기준과 기준에 따라 학생들을 평가한다. 모든 중학생들은 다른 학생들과 독립적으로 등급이 매겨지며 개개인의 성과는 고정된 성취기준에 따라 측정된다. 이는 모든 학생이 정해진 기준을 충족하거나 초과하면 모두 높은 성적을 얻을 수 있음을 의미한다. 중학교에서의 절대 평가는 주제에 대한 개별 숙달과 학생이 특정 학습 목표를 충족했는지 여부에 중점을 둔다. 중학교 성적은 5단계 절대평가로 A부터 E까지 총 5단계로 학업성취도를 평가한다.

반면, 고등학교에서는 상대평가를 많이 사용하는데, 이 평가 체계에서 학생들은 동급생들과 비교하여 평가되고 석차등급이 매겨진다. 이 접근법은 종종 학생들의 순위를 매기거나 학급이나 학교의 다른 사람들과 비교한 성과를 기준으로 백분위수 그룹에 배치하는 것을 포함한다. 상대 평가 체계에서는 절대적인 성과와 상관없이 일정 비율의 학생이 높은 점수를 받을 수 있다. 이 방법은 경쟁을 만들고 동급생과의 성과에 따라 학생들을 차별화하도록 설계되었다.

중학교의 절대 평가에서 고등학교의 상대 평가로의 전환은 학생들에게 낯설게 느껴진다. 고등학교에서는 학생들이 특정 기준을 충족하기 위해 노력할 뿐만 아니라 동료를 능가하는 것을 목표로 하는 보다 경쟁적인 환경을 도입하기 때문이다. 이러한 평가 방법의 변화는 다음과 같이 학생의 동기 부여, 학습 습관 및 교육에 대한 전반적인 접근 방식에 영향을 미칠 수 있다. 새로운 평가체제에 익숙해지지 않으면 안되는 것이다.

- 내신 9등급 상대평가

한국의 고등학교에서는 내신 9등급제를 시행하고 있다. 9등급제란 학생들을 성적순으로 9개의 등급으로 나누어, 각 등급마다 등급별 반을 구성하는 제도이다.

상대평가인 내신제도에서는 1등급 부터 9등급까지 일정하게 누적비율이 존재한다. 한국의 고등학교 내신에서는 총 9등급이 있으며, 영역·과목별 전체 수험생의 상위 4%가 1등급, 그다음 7% (누적 11%)까지가 2등급, 그다음 12% (누적 23%)까지가 3등급, 4등급은 17%, 5등급은 20%, 6등급은 하위17%, 7등급은 하위12%, 8등급은 하위 7%, 9등급은 하위 4%에 해당한다.

내신등급표		
등급	누적비율	등급비율
1등급	0~4%	4%
2등급	~11%	7%
3등급	~23%	12%
4등급	~40%	17%
5등급	~60%	20%
6등급	~77%	17%
7등급	~89%	12%
8등급	~96%	7%
9등급	~100%	4%

고교 내신등급 계산

| 등급 계산 | | | 등급표 | |
| 과목명 | 석차 | 동석차 | 이수자 | 단위 |

과목추가   현재 2 과목   ↻ 옵션초기화

본 정보는 계산방법이나 조건에 따라 다를 수 있으니 참고용으로만 사용하시기 바랍니다

등급 계산 하기

네이버 고교 내신등급 계산기

많은 사람들이 이용하는 검색포털에서도 고등학교 내신등급을 계산해 주는 계산기를 따로 제공할 정도로, 내신 9등급은 고등학생과 고등학생의 학부모 모두에게 중요한 관심사이다. 9등급제도에 따라 고등학교에서는 중간고사와 기말고사, 그리고 수행평가 등의 시험을 통해 학생들의 성적을 측정하고, 이를 기준으로 등급을 나눈다.

고등학교 내신 등급에서 상위 23%까지만 3등급에 해당하고 절반이상은 4~6등급에 해당한다. 전교생의 인원에 따라 석차등급이 나뉘는 것이다. 간단히 생각하면, 전교생이 100명이라면 단 4명만이 1등급을 받을 수 있는 것이다. 대다수의 고등학교는 한 학년에 250명 정도로 인원이 구성되어 있는데, 그렇다면 전교 10등까지가 1등급, 전교27등까지가 2등급, 전교 57등까지가 3등급이 된다. 한반에 25명씩 10개 학급이라면, 대략 반에서 3등 안에는 들어야 인서울 대학에 진학할 수 있는 것이다.

제 아무리 학업성취도가 높지 않은 고등학교라 하더라도 매번 평가에서 상위 4%를 꾸준히 유지하는 것은 결코 쉽지않다. 또한, 전교생이 모두 우수한 학교에서는 내신 상위권 경쟁이 더욱 치열할 것이다. 특히, 매 시험마다 상위권이 계속 번갈아가며 바뀔 정도로 학업성취도가 높고 경쟁이 치열한 학교의 경우, 꾸준히 1등급을 유지하는 것 자체도 어려운 일이 될 수 있다.

실제로 전반적인 학업 성취도가 낮은 학교에서 지속적으로 상위 등급(예: 1.1)을 유지하는 학생은 명문 대학에서 약간 낮은 성적(예: 1.9-2.1)을 달성한 학생보다 대학 입학에서 더 유리할 수 있다. 특히나, 치열한 상위권 경쟁 때문에 상위권 학생이 자주 바뀌는 학군이라면 대입에 불리하다.

두 명의 가상 학생을 고려해 보자. 학생 A는 학업 성취도가 낮은 것으로 알려진 학교에서 1.1 등급으로 지속적으로 반 상위권에 속한다. A의 우수한 학업성취도는 고등학교 생활 전반에 걸쳐 학업에 대한 꾸준한 발전과 헌신을 보여준다.

학생 B는 유명 학군지에 있는 고등학교에 다니며 내신1.9-2.1 범위의 성적을 얻는다. 모의고사 성적은 우수하지만 경쟁이 치열한 고등학교 환경과 우수한 학생들의 내신 순위 변화로 인해 지속적으로 반에서 상위권에 들지는 못한다.

대학 입학사정관이 두 학생들을 평가할 때, 전체적으로 학업 성취도가 낮은 고등학교에 다녔지만 일관된 상위권 성적을 얻은 학생 A를 더 좋게 볼 수 있다. 반대로 학생 B는 A에 비하여 약간 낮은 내신 성적과 학교 환경의 경쟁적 특성으로 인해 두각을 나타내지 못할 수 있다.

고등학교 블라인드 제도가 시행되면서 대학에서는 지원자의 고등학교명을 알 수 없다. 기존의 고교서열화 문제점을 극복하기 위한 제도로 유명 학군지의 고등학교는 오히려 불리한 상황이 되었다. 따라서 '좋은 학교'라고 불리는 고등학교에 대한 전반적인 인식의 변화가 필요하다. 전체 학생의 학업 성취도가 높고 학교전체의 학업경쟁이 치열한 학교가 대입에서는 '좋은 학교'가 아닐 수도 있는 것이다.

- 학생들의 일반적인 문제 및 우려 사항

내신 상대평가는 한국 고등학교에서의 경쟁을 지나치게 심화시키는 요인 중 하나다. 이는 내신 상대평가가 학생들의 등수에 따라 등급을 부여하기 때문이다. 즉, 학생들이 상대적인 등수에 따라 등급이 정해지기 때문에, 공부를 열심히 하더라도 다른 학생들보다 성적이 높지 않으면 좋은 등급을 받을 수 없는 것이다.

이러한 상황은 학생들이 경쟁에 노출되어 있는 상황을 야기한다. 높은 등급을 얻기 위해 학생들은 경쟁을 강조하고, 성적이 높은 친구들을 따라가며 공부하게 된다. 이는 고등학생들이 지나치게 스트레스를 받고, 공부에 대한 즐거움을 잃게 되는 요인 중 하나가 된다.

또한, 내신 상대평가는 학생들이 성적을 높이기 위해 과도한 사교육에 의존하게 되는 요인이 된다. 즉, 학생들은 교과 학습내용에 대한 심화 연구보다, 시험에 나오는 것에 집착하고 더 많은 문제풀이에 매달린다. 이는 학생들의 창의적인 사고력과 문제해결능력을 발전시키는 데에 불리한 영향을 미칠 수 있다.

서울교대 연구진이 실시한 '고교체제 발전을 위한 빅데이터 분석 연구'(2020) 보고서를 보면, 월 평균 소득이 700~1000만원인 가정의 학생은 3.5%가 대학진학을 못하고 중퇴하거나 졸업하지 못하는 등의 문제가 발생한다는 결과가 나왔다.

또한, 교육자료와 정보센터에서 발표한 2015년도 교육통계연보에 따르면, 사교육 참여율이 낮은 고등학생의 경우 2015년에 전체 학생 대비 사교육비가 23.6만 원으로 나타났는데, 사교육에 참여하고 있는 학생들에 한정하여 다시 계산할 경우 47.0만 원으로 2배 가까운 차이를 보이게 된다는 결과가 있다.

이러한 결과들을 종합해보면, 지나친 사교육 때문에 학생들의 부담을 늘리고, 교육의 불평등을 더 키울 수 있다는 것을 알 수 있다. 사교육을 받는 학생들은 학교에서 배우는 것 외에도 사교육에서 배우는 것까지 학습해야 하기 때문에 학업에 대한 부담감이 증가한다.

이러한 상황이 지속되면 학생들은 외부 지원에 지나치게 의존하게 되어 독립적으로 학습하고 문제 해결 기술을 개발하는 능력이 저하된다. 이러한 의존성은 대학이나 직장에서와 같이 자신의 능력에 의존해야 하는 상황에서 적응하고 수행하는 능력을 방해할 수 있다.

사교육에 크게 의존하는 학생들은 공부하는 과목에 대한 진정한 관심을 키우기보다 높은 성적과 시험 점수를 달성하는 데 초점이 맞춰지기 때문에 학습에 대한 내적 동기를 잃을 수 있다. 더 나아가서 학생들이 성적을 올리기 위해 학습에만 집중하게 되어 인성 발달이 억압될 수 있다.

- 사춘기 끝판왕

사춘기 예민함은 고등학생들이 성장과정에서 겪는 일종의 혼란 상태이다. 이러한 상태에서 고등학생들은 다양한 어려움 등을 겪게 된다. 이러한 어려움들은 고등학생들의 사춘기 예민함에 더욱 영향을 미칠 수 있다.

고등학교에 입학해서 학생들이 겪는 문제점은 다양하다. 고등학교에서는 대학 진학을 위해 매우 많은 학습량과 과제가 주어진다. 이는 학생들에게 큰 부담을 주며, 공부에 대한 스트레스를 야기할 수 있다. 때때로 과도한 학습부담 때문에 가족과 갈등을 겪는 학생들도 있다. 몸과 마음이 급속도로 발전하는 시기에 급격한 환경적 변화를 겪으면서 가족 간의 갈등이 심해지기도 한다.

대인관계 문제도 있다. 고등학교에서는 다양한 사람들과 함께 공부하게 된다. 이는 새로운 친구를 만들어 좋은 대인관계를 유지할 수 있는 기회가 될 수 있지만, 반대로 불필요한 갈등이나 교내 폭력 등을 겪을 수도 있다.

또한, 10대 후반에 도달하면 자신의 능력을 인정받고, 부모님의 기대에 부응하기 위해 노력하려고 한다. 그러나 부모님의 기대와 학생들의 능력 수준이 맞지 않을 경우 갈등이 생길 수 있다. 체적인 성장에 비해 정신적인 성장은 덜 완료된 상태이다. 이는 더 많은 경험과 노력, 성숙함이 필요하다는 것을 의미한다.

고등학생이 되면서 중학교 재학시절 보다는 더욱 본격적인 학습과 경쟁을 경험하게 된다. 그리고 이러한 경험을 통해 더욱 성숙해지고 성장해나가야 한다. 그러나 이러한 과정에서는 실패와 실수를 경험하게 되며, 이를 통해 자신의 한계와 장점을 발견하게 됩니다. 이러한 경험을 통해 학생들은 더욱 성숙해지고 더욱 책임감 있게 행동할 수 있다.

또한, 고등학생 시기는 자신의 가치관과 인생의 방향성을 찾아나가는 중요한 시기이다. 이때까지는 대체로 가족과 학교에서 주어지는 가치관과 방향성을 따라왔을 가능성이 크다. 그러나 이제는 스스로 생각하고 판단하며, 자신의 삶을 책임지는 일이 필요하다. 이는 더 많은 경험과 노력, 성숙함이 필요하다는 것을 의미한다.

따라서 고등학생들은 이러한 성장과 발전을 위해 더욱 열심히 노력해야 한다. 실패와 실수를 두려워하지 말고, 자신의 한계와 장점을 인정하고 이를 바탕으로 발전해 나가야 한다. 또한, 자신의 가치관과 인생의 방향성을 찾아가는 것도 중요하다. 이를 위해서는 자신과의 소통과 타인과의 인간관계를 더욱 발전시켜야 한다. 이러한 노력이 결국에는 학생들의 성장과 발전에 큰 도움이 될 것이다.

마지막으로, 진로에 대한 고민도 문제가 될 수 있다. 고등학생들은 대학 진학을 위해 많은 노력을 기울이게 된다. 그러나 진로나 취업에 대한 불확실성 때문에 불안과 걱정을 느끼는 경우도 많다. 이러한 문제들은 고등학생들의 사춘기 예민함에 더욱 영향을 미칠 수 있다.

고등학생들은 입학 후 다양한 어려움과 문제점을 겪게 된다. 이러한 어려움들은 고등학생들의 사춘기 예민함과 상호작용하여 더욱 심화될 수 있다. 그러나 학생들은 이러한 어려움들을 이겨내기 위해, 친구들과 대화하거나 상담을 통해, 자신에게 필요한 자기관리 기술을 습득하며 극복할 수 있다. 학생들은 어려움을 이겨내고, 자신의 미래를 위해 노력하며, 성장할 수 있도록 지속적인 지원과 격려가 필요하다.

03
수많은 선택의 갈림길

고등학교 교육과정의 최대 화두는 고교학점제이다. 교육부는 2021년 2월 17일 고교학점제를 2025년부터 전체 고등학교에 도입한다는 계획을 발표했다. 하지만, 2023년 일반계고에서도 단계적으로 적용된다. 고교학점제는 학생들이 전공 분야나 개인적인 관심사를 중심으로 과목을 선택해 수강하고, 그 과목의 성적에 따라 학점이 부여되는 시스템이다. 이를 통해 학생들의 개인적인 특성과 성향을 고려해 학습 계획을 세울 수 있다. 그러나 이러한 혜택이 있음에도 불구하고, 고교학점제는 학생들에게 부담이 될 수 있는 요인도 존재한다.

먼저, 학생들은 선택과목을 고르는 것에 부담을 느낄 수 있다. 고교학점제는 학생들이 자신의 성향과 관심사에 따라 수업을 선택할 수 있게 해준다. 그러나 이는 학생들이 자신의 인생계획을 세우는 것과도 관련이 있다. 학생들은 자신이 선택한 과목의 성적에 따라 대학 진학에 큰 영향을 받게 된다. 이는 학생들이 대학진학을 위한 공부를 하면서도, 자신의 관심사나 능력에 맞는 과목을 선택하도록 유도하는 균형적인 선택이 필요함을 의미한다.

또한, 고교학점제 시스템은 학생들에게 학습 능력을 요구한다. 선택과목을 고르기 위해서는 해당 과목에 대한 사전 지식이 필요하며, 수업을 따라가는 능력도 필요하다. 이는 학생들에게 더 많은 노력과 정보력을 요구하게 된다.

또한, 고교학점제는 학교의 교육과정을 개별화하게 만든다. 다시말하면, 학생들이 과목을 선택함에 있어서 불균형이 발생할 가능성이 있음을 내포하고 있다. 예를 들어, 개인적인 관심사와 상관없이 좋은 성적을 얻기 위해 다수의 학생들이 선택하는 과목을 선택하는 경우, 학생들이 독창적인 사고나 창의적인 능력을 발전시키는 데에 어려움이 있을 수 있다.

고교학점제는 학생들에게 자율적이고 개별화된 학습을 할 수 있도록 해주는 혁신적인 시스템이지만, 학생들에게 부담을 주는 요인이 될 수도 있기 때문에, 학교와 학생, 학부모들은 서로간의 의사소통을 통해 학생들의 성장과 발전을 지원해 나가야 한다.

- 선택과목을 선택하는 전략

고등학교 졸업을 위해 다양한 과목 영역에서 일정 학점을 이수해야 한다. 이러한 과목 영역에는 일반적으로 영어, 수학, 과학, 사회 및 외국어가 포함된다. 이러한 핵심 과목 영역 외에도 고등학교는 학생들이 졸업 학점을 얻기 위해 수강할 수 있는 다양한 선택 과목을 제공한다. 이러한 선택 과정에는 예술과 음악에서 기술과 체육에 이르기까지 모든 것이 포함될 수 있다.

선택 과목은 학생들에게 새로운 관심사를 탐구하고 핵심 과목 영역 이외의 기술을 개발할 수 있는 기회를 제공할 수 있지만 일부 학생들에게는 스트레스의 원인이 될 수도 있다. 고등학생은 대학 지원서에 적합하거나 자신의 진로와 일치하는 선택 과목을 선택해야 한다는 압박감을 느낄 수 있다.

'공통과목'은 모든 학생을 대상으로 하는 공통의 학습경험을 제공하는 것이라면, '선택과목'은 학생의 적성과 진로 등 다양한 특성을 고려한 맞춤형 학습경험을 제공하는 것을 의미한다. 학생들은 자신의 적성과 관심에 따라 과목을 선택하고, 이를 통해 자신의 능력과 역량을 개발할 수 있다.

학생의 과목 선택권은 학습의 동기와 효과를 높이는 차원에서 매우 중요하다. 학생들이 자신이 원하는 과목을 선택할 수 있고, 자신이 선택한 과목에서 높은 성취감을 느낄 수 있다면 학생들은 보다 적극적으로 학습에 참여하게 될 것이다.

일반적으로 고등학교 1학년 여름방학부터 선택과목을 위한 조사가 시작된다. 그러나 올바른 과목을 선택하려면 일정 수준의 개인 정보 기술과 노력이 필요하다. 일부 과목은 학생들이 1학년부터 선택하여 수강할 수 있지만 학생들은 이러한 기회를 적극적으로 찾고 추구해야 한다. 이는 학생들이 자신의 관심사와 목표에 부합하는 과정을 조사하고 선택하는 데 적극적이어야 한다는 것을 의미한다.

선택 과목을 선택할 때 학생들은 자신의 미래 계획과 지원하려는 전공 분야의 요구 사항을 고려하는 것이 중요하다. 전공분야에서 이수를 권장하는 과목이 있다면 그것을 이수하고 그 과목에서 가능한 최고등급, 백분위수, 표준편차를 얻는 것이 중요하다.

전공 분야의 과정을 이수하는 것 외에도 학생들은 전공 분야를 보완하거나 미래의 직업에 유용할 수 있는 추가 기술과 지식을 제공하는 선택 과목을 수강하는 것도 고려해야 한다. 예를 들어, 학생이 의학 분야에서 경력을 쌓는 데 관심이 있다면 생물학, 화학에서 선택 과목을 수강하는 것이 도움이 될 수 있다. 학교에 따라서 고급생명과학, 고급화학 등의 난이도 있는 과목을 개설하기도 한다. 고등학교 재학시절부터 전공분야에 대한 깊이있는 학문적 소양을 갖추기 위해 노력하였음을 보여준다면 좋은 대입결과를 기대할 수 있을 것이다.

현실적으로 대입제도의 기준이 되는 서울대학교는 입시 평가에서 고교 전공 관련 과목 이수 여부를 고려하겠다고 발표했다. 이러한 전공 연계과목은 일반적으로는 핵심추천과목, 학과별과목, 고교생 추천선택 과목으로 구분된다. 이 과정을 이수하는 것이 대학에 지원하기 위한 필수 요건은 아니지만 학생들이 향후 학습을 준비하는 데 도움이 되는 지침으로 제공된다는 것이다.

대학에서 요구하는 전공별 핵심 추천 과목은 학생들이 선택한 전공 분야에 대한 기본적인 이해를 갖기 위해 필수적인 것으로 간주되는 과목이다. 이 과정을 반드시 이수해야 하는 것은 아니지만, 학생들이 미래의 학업과 직업을 더 잘 준비하기 위해 이 과정을 수강하는 것이 도움이 될 수 있다. 이 과정은 학생들에게 입학 과정에서 유리할 뿐만 아니라 선택한 분야에 대한 더 깊은 이해를 제공할 수 있기 때문이다.

또한 대학에서는 고등학교 교육과정 운영상 소수의 학생만이 수강을 선택하여 내신성적 산출에 불리함이 있는 과목이더라도 학생이 적극적으로 노력하고 성과를 거두었다면, 이를 충분히 감안하여 신입생 선발 시에 반영하겠다고 발표했다. 학생들의 노력과 성과를 전형에 반영하겠다고 밝힌 셈이다. 고교학점제 운영으로 소수의 학생만 특정 과목을 선택하여 상대평가에서 낮은 점수를 얻는 경우에도 대학은 그 과목을 수강하고 학습한 성과를 고르게 평가하겠다는 취지이다.

이는 성적과 시험 점수에만 초점을 맞추는 전통적인 대학 입학 방식에서 크게 벗어난 것이다. 이 접근법은 학생들이 다양한 배경을 가지고 있으며 교육 여정에서 다양한 도전에 직면할 수 있음을 인식한 결과이다. 또한 성적과 시험 점수만으로 고등 교육에 대한 학생의 잠재력이나 준비 상태를 반드시 반영하는 것은 아님을 인정하는 것이다.

전반적으로 입학 과정에서 노력과 성취를 강조하는 것은 보다 공정하고 포용적인 교육 시스템을 만들기 위한 긍정적인 단계이다. 이는 학생들이 직면할 수 있는 상황에 관계없이 자신의 강점과 잠재력을 보여줄 수 있는 더 큰 기회를 제공한다.

전반적으로 대학에서 고등학교 전공 관련 과정을 이수하는 것을 강조하는 것은 고등 교육에서의 성공을 위한 조기 준비가 필요하다는 것이다. 이를 위해 고교학점제를 적극 활용하고 그 과정에서 탁월하기 위해 노력함으로써 학생들은 미래의 학업과 경력에서 성공할 수 있다.

선택과목을 고를 때, 학생들은 자신의 관심사를 탐구하고, 기술을 개발하고, 미래의 직업을 준비할 수 있는 다양한 기회로 받아들여야 한다. 따라서 학생들은 이러한 기회를 적극적으로 찾고 추구함으로써 학생들은 고등학교 경험을 최대한 활용하고 미래의 성공을 위한 준비를 할 수 있다.

만약, 자신의 진로적성 분야가 명확하지 않은 경우에는 먼저 관심 있는 다양한 선택 과목을 탐색하는 것을 고려해야 한다. 이때, 과거에 좋아했거나 흥미롭다고 생각하는 과목이 포함될 수 있다. 다양한 과정을 수강함으로써 새로운 관심사와 열정을 발견할 수 있으며 이는 미래의 진로를 안내하는 데 도움이 될 수 있다. 이 경우, 많은 학생들이 수강하는 과목을 선택하는 것도 방법이다. 많은 학생이 선택하는 과목이라는 것은 다양한 분야로 확장성을 가지고 있은 내용이기도 하기 때문이다. 많은 수의 학생이 수강하는 과목일 수록 상대평가에서 유리한 장점도 있다.

9등급의 내신산출 체계에서는 1등급을 받기 위해서는 최소 13명이 수강신청을 해야 한다. 그러나, 13명 중에 1명이 1등급이라는 것은 1명은 9등급을 받는다는 것이다. 따라서 자신이 정말 자신있고 흥미있는 과목이 아니라면 소수가 선택하는 과목을 수강할 필요는 없다. 상대평가의 내신에서 좋은 점수를 받으려면 특정 과목에 지나치게 시간과 노력을 투자하는 것은 좋지 않다.

수능에서도 이와 비슷한 전략을 사용하기도 한다. 많은 수의 수험생이 응시하는 과목인 경우 표준점수가 높아지는 장점이 있다. 소수의 우수한 수험생이 몰리는 과목보다는 평균 수준의 수험생이 다수 포진하는 과목에서 상대적으로 우수한 점수를 얻을 수 있다면 대입에서 좀 더 유리하다.

수강자수별 등급인원 조건표

등급 / 인원	1	2	3	4	5	6	7	8	9
1					1				
2				1		1			
3			1		1		1		
4			1	1		1	1		
5		1		1	1	1		1	
6		1		1	2	1		1	
7		1	1	1	1	1	1	1	
8		1	1	1	2	1	1	1	
9		1	1	2	1	2	1	1	
10		1	1	2	2	2	1	1	
11		1	2	1	3	1	2	1	
12		1	2	2	2	2	2	1	

등급 인원	1	2	3	4	5	6	7	8	9
13	1		2	2	3	2	2		1
14	1	1	1	3	2	3	1	1	1
15	1	1	1	3	3	3	1	1	1
16	1	1	2	2	4	2	2	1	1
17	1	1	2	3	3	3	2	1	1
18	1	1	2	3	4	3	2	1	1
19	1	1	2	4	3	4	2	1	1
20	1	1	3	3	4	3	3	1	1
21	1	1	3	3	5	3	3	1	1
22	1	1	3	4	4	4	3	1	1
23	1	2	2	4	5	4	2	2	1
24	1	2	3	4	4	4	3	2	1
25	1	2	3	4	5	4	3	2	1

등급 인원	1	2	3	4	5	6	7	8	9
26	1	2	3	4	6	4	3	2	1
27	1	2	3	5	5	5	3	2	1
28	1	2	3	5	6	5	3	2	1
29	1	2	4	5	5	5	4	2	1
30	1	2	4	5	6	5	4	2	1
31	1	2	4	5	7	5	4	2	1
32	1	3	3	6	6	6	3	3	1
33	1	3	4	5	7	5	4	3	1
34	1	3	4	6	6	6	4	3	1
35	1	3	4	6	7	6	4	3	1
36	1	3	4	6	8	6	4	3	1
37	1	3	5	6	7	6	5	3	1
38	2	2	5	6	8	6	5	2	2

등급 인원	1	2	3	4	5	6	7	8	9
39	2	2	5	7	7	7	5	2	2
40	2	2	5	7	7	7	5	2	2
41	2	3	5	7	8	7	5	3	2
42	2	3	5	7	8	7	5	3	2
43	2	3	5	7	9	7	5	3	2
44	2	3	5	8	8	8	5	3	2
45	2	3	5	8	9	8	5	3	2
46	2	3	6	7	10	7	6	3	2
47	2	3	6	8	9	8	6	3	2
48	2	3	6	8	10	8	6	3	2
49	2	3	6	9	9	9	6	3	2
50	2	4	6	8	10	9	6	3	2
51	2	4	6	8	11	8	6	3	2

등급 인원	1	2	3	4	5	6	7	8	9
52	2	4	6	9	10	9	6	4	2
53	2	4	6	9	11	9	6	4	2
54	2	4	6	10	10	10	6	4	2
55	2	4	7	9	11	9	7	4	2
56	2	4	7	9	12	9	7	4	2
57	2	4	7	10	11	10	7	4	2
58	2	4	7	10	12	10	7	4	2
59	2	4	8	10	11	10	8	4	2
60	2	5	7	10	12	10	7	5	2
61	2	5	7	10	13	10	7	5	2
62	2	5	7	11	12	11	7	5	2
63	3	4	7	11	13	11	7	4	2
64	3	4	8	11	13	11	8	4	3

등급 인원	1	2	3	4	5	6	7	8	9
65	3	4	8	11	13	11	8	4	3
66	3	4	8	11	14	11	8	4	3
67	3	4	8	12	13	12	8	4	3
68	3	4	9	11	14	11	9	4	3
69	3	5	8	12	13	12	8	5	3
70	3	5	8	12	14	12	8	5	3
71	3	5	8	12	15	12	9	6	3
72	3	5	9	12	14	12	9	5	3
73	3	5	9	13	14	13	9	5	3
74	3	5	9	12	15	12	9	5	3
75	3	5	9	13	15	13	9	5	3
76	3	5	9	13	16	14	9	5	3
77	3	5	10	13	15	13	10	5	3

등급 인원	1	2	3	4	5	6	7	8	9
78	3	6	9	13	16	13	9	6	3
79	3	6	9	14	15	14	9	6	3
80	3	6	9	14	16	14	9	6	3
81	3	6	10	13	17	13	10	6	3
82	3	6	10	14	16	14	10	6	3
83	3	6	10	14	17	14	10	6	3
84	3	6	10	15	16	15	10	6	3
85	3	6	11	14	17	14	11	6	3
86	3	6	11	14	18	14	11	6	3
87	3	7	10	15	17	15	10	7	3
88	4	6	10	15	18	15	10	6	4
89	4	6	10	16	17	16	10	6	4
90	4	6	11	15	18	15	11	6	4

등급 인원	1	2	3	4	5	6	7	8	9
91	4	6	11	15	19	15	11	6	4
92	4	6	11	16	18	16	11	6	4
93	4	6	11	16	18	16	11	6	4
94	4	6	12	16	18	16	12	6	4
95	4	6	12	16	19	16	12	6	4
96	4	7	11	16	19	16	12	6	4
97	4	7	11	16	20	16	11	7	4
98	4	7	12	16	20	16	11	7	4
99	4	7	12	17	19	17	12	7	4
100	4	7	12	17	20	17	12	7	4

학급 규모는 교육의 질과 학생들이 이용할 수 있는 자원에 영향을 미칠 수 있다. 소규모 학급에서는 내신등급에서 다소 손해를 보는 경우가 발생할 가능성이 있다. 이러한 불리함에도 자신의 적성과 진학을 위해 과감하게 과목을 선택할 수도 있고, 다수가 선택하는 과목을 따라 선택하여 등급에서의 상대적 유리함을 택할 수도 있다. 모든 경우를 다 따져서 본인에게 유리한 방법을 선택하는 것이 좋다.

선택 과목을 선택할 때, 학생들은 동료들이 선택하지 않는 과목을 선택할 수 있다. 이는 학생들이 자신의 관심사를 탐색하는 독특한 기회를 제공할 수 있지만, 일부 단점도 있을 수 있다. 예를 들어, 과목이 어렵거나 학생들의 흥미를 끌지 못해서 인기가 적을 수 있다. 이 경우, 수업 규모가 작아지기 때문에, 내신등급 산출시 불이익이 발생할 수 있다.

어떤 학생들은 대다수가 선택하는 과목을 선택할 수도 있다. 이는 그룹 활동 및 토론의 기회가 더 많아지고, 학생들에게 사용 가능한 자원의 풀이 더 커지는 등의 장점이 있다. 그러나 학생들 간에 성적 경쟁이 더 심해질 수 있거나, 교사의 개별적인 주의가 덜 받을 수도 있다.

선택 과목을 선택할 때, 모든 요소를 고려하고 개인적으로 유리한 방법을 선택하는 것이 중요하다. 이는 학생의 강점과 관심사를 고려하며, 자신의 진로 목표에 부합하는 과목을 결정하기 위해 사용 가능한 과목을 조사하는 것을 포함할 수 있다.

종합적으로, 선택 과목을 선택할 때, 학생들은 모든 요소를 신중하게 고려하고 개인의 필요와 목표에 부합하는 방법을 선택해야 한다. 이렇게 하면 학생들은 고등학교 교육에서부터 그 이상까지 성공을 이룰 수 있을 것이다.

구체적으로 사례를 들어보자. 서울대학교는 2024학년도 대학 신입학생 입학전형 예고사항을 발표했다. 이에 따르면, 2023년 신입생 모집까지는 과학탐구 Ⅱ 과목을 1개 이상 응시해야만 지원 자격이 주어지지만, 2024년 신입생부터는 수능 과학탐구 영역의 Ⅱ과목 필수 응시 기준을 개편해 'Ⅰ + Ⅰ' 조합을 허용한다는 것이다.

과학탐구 Ⅱ 과목은 대표적인 소인수 과목이다. 과목 난이도의 심화로 많은 학생들이 기피하는 과목이기 때문이다. 따라서 몇몇 과학 특성화 고등학교나, 과학 중점 고등학교, 특수목적고등학교 일부에서만 겨우 개설이 되고 있었다. 문제는 개인의 흥미와 적성에 따라 과학탐구 Ⅱ를 수강해도, 석차등급이 매우 나쁘게 나온다는 점이다. 학생수가 적은 과목은 상대평가에서 불리할 수 밖에 없다. 서울대학교는 입시요강을 발표하면서 과학탐구 Ⅱ 과목을 선택한 학생에게 충분한 보상을 제공하겠다고 밝혔다. 수능과학탐구에서는 'Ⅰ+Ⅰ' 조합을 허용하는 동시에, 고교 내신에서 선택한 과목에 대해서는 학생의 노력을 반영하겠다는 것이다.

또한, 서울대학교는 개별 학과마다 고등학교 때 어떤 과목을 배우면 좋은지 핵심 권장과목 및 권장과목을 지정했다. '핵심 권장과목'은 해당 모집단위에서 필수로 이수하기를 권하는 과목이고, '권장과목'은 필수는 아니지만 이수하면 플러스 점수를 기대할 수 있는 과목이다. 단, 권장과목이 지원자격에 해당하는 것은 아니기 때문에 이수하지 않아도 지원은 가능하다.

이러한 점을 모두 고려한다면 자신에게 적절한 선택과목을 고르는 데 도움이 될 것이다.

<○○대학교 전공 연계 교과이수 과목 안내>

·핵심 권장과목 : 학과(부)에서 공부하기 위해 필수적으로 이수를 권장하는 과목

·권장과목 : 학과(부)에서 공부하기 위해 이수를 권장하는 과목

모집단위	핵심권장과목	권장과목
경제학부		미적분, 확률과 통계
농경제사회학부		미적분, 확률과 통계
식물생산과학부	생명과학II	화학II, 미적분, 확률과 통계, 기하
식품 . 동물생명공학부	화학II, 생명과학II	
응용생물화학부	화학II, 생명과학II	미적분, 확률과 통계, 기하

조경 . 지역시스템공학부	미적분, 기하	물리학Ⅱ, 확률과 통계
바이오시스템 . 소재학부	미적분, 기하	물리학Ⅱ 또는 화학Ⅱ
지리교육과		한국지리, 세계지리, 여행지리
수학교육과	미적분, 확률과 통계, 기하	
물리교육과	물리학Ⅱ	미적분, 확률과 통계, 기하
화학교육과	화학Ⅱ	미적분, 확률과 통계, 기하
생물교육과	생명과학Ⅱ	화학Ⅱ, 미적분, 확률과 통계

지구과학교육과	지구과학Ⅰ	지구과학Ⅱ, 미적분, 확률과 통계, 기하
식품영양학과	화학Ⅱ, 생명과학Ⅱ	
의류학과		화학Ⅱ, 생명과학Ⅱ 또는 확률과 통계
수의예과	생명과학Ⅱ	미적분, 확률과 통계
약학계열	화학Ⅱ, 생명과학Ⅱ	미적분, 확률과 통계
의예과	생명과학Ⅰ	생명과학Ⅱ, 미적분, 확률과 통계, 기하
자유전공학부		미적분, 확률과 통계

수리과학부	미적분, 확률과 통계, 기하	
통계학과	미적분, 확률과 통계, 기하	
물리 . 천문학부–물리학전공	물리학 II, 미적분, 기하	확률과 통계
물리 . 천문학부–천문학전공	지구과학 I, 미적분, 기하	지구과학 II, 물리학 II, 확률과 통계
화학부	화학 II, 미적분	확률과 통계, 기하
생명과학부	생명과학 II, 미적분	화학 II, 확률과 통계, 기하
지구환경과학부	물리학 II 또는 화학 II 또는 지구과학 II, 미적분	확률과 통계, 기하

간호대학		생명과학Ⅰ, 생명과학Ⅱ
공과대학-광역	미적분, 확률과 통계	기하
건설환경공학부	미적분, 기하	확률과 통계
기계공학부	물리학Ⅱ, 미적분, 기하	확률과 통계
재료공학부	미적분, 기하	물리학Ⅱ, 화학Ⅱ, 확률과 통계
전기 . 정보공학부	물리학Ⅱ, 미적분	확률과 통계, 기하
컴퓨터공학부		
화학생물공학부	물리학Ⅱ, 미적분, 기하	

건축학과		미적분
산업공학과	미적분	확률과 통계
에너지자원공학과	물리학 II, 미적분, 기하	확률과 통계
원자핵공학과	물리학 II, 미적분	
조선해양공학과	물리학 I, 미적분, 기하	확률과 통계
항공우주공학과	물리학 II, 미적분, 기하	지구과학 II, 확률과 통계

- *자신감과 자존감 형성*

고등학교 생활은 무수한 선택의 연속이다. 학생들은 수많은 선택과 고민을 하며, 그 선택에 따라 자신의 삶을 결정한다. 이러한 선택은 자신감과 자존감을 향상시키는데 큰 역할을 한다.

고등학교 생활은 학생들에게 여러 가지 선택을 요구한다. 대표적으로 선택과목, 동아리 활동, 학교행사 활동, 학생회 등의 임원활동, 진로 등의 선택이 있다. 이러한 선택은 학생들이 자신의 삶을 결정하는 중요한 역할을 하며, 그 결과는 매우 중요하다. 따라서 학생들은 매우 신중하게 선택을 해야 한다.

하지만, 학생들은 선택을 하는 과정에서 많은 고민과 불안을 겪는다. 이러한 고민과 불안은 학생들이 자신의 삶을 결정하고, 그 결과를 받아들이는 과정에서 굉장히 중요한 것이다. 이를 통해 학생들은 자신의 실력과 가능성을 인식하고, 그것을 바탕으로 더욱 강한 자신감과 자존감을 가지게 된다.

예를 들어, 학생이 선택과목을 고민하고 결정하는 과정에서, 그 선택이 학생의 성장과 발전에 큰 역할을 하는 경우가 있습다. 선택한 과목을 열심히 공부하고, 그 결과 좋은 성적을 얻게 되면, 학생은 자신의 능력을 더욱 자각하게 된다. 이것은 더욱 강한 자신감과 자존감을 가지게 되고, 이것은 학생이 미래에 대한 자신감을 가지게 하며, 더욱 성공적인 삶을 살아갈 수 있게 만들 수 있다.

또한, 학생이 선택한 진로나 대외활동이 학생들에게 많은 도전을 요구할 때, 그것은 학생들이 자신의 한계를 넘어서는 기회가 될 수 있다. 이러한 도전 과정에서 학생들은 자신의 능력을 믿고, 스스로를 믿어주는 것이 중요하다. 이를 통해 학생들은 더욱 강한 자신감과 자존감을 가지게 되고, 그것이 학생들의 미래에 대한 자신감으로 이어질 것이다.

모든 선택의 연속은 항상 긍정적인 결과를 가져오지만은 않다. 때로는 선택이 잘못될 수도 있고, 그 결과 학생들은 실망하게 된다. 이러한 경우에도 학생들은 자신의 실력을 인정하고, 그것을 바탕으로 더욱 강한 자신감과 자존감을 가지게 된다. 선택의 실패는 학생들에게 새로운 도전의 기회를 제공하며, 그것이 학생들이 더욱 강한 자신감과 자존감을 가지게 만든다.

선택의 연속은 학생들의 성장과 발전에 있어서 매우 중요한 역할을 한다. 이를 통해 학생들은 자신의 능력과 가능성을 인식하고, 그것을 바탕으로 더욱 강한 자신감과 자존감을 가지게 된다. 따라서 학생들은 선택의 과정에서 자신의 능력과 가능성을 믿고, 더욱 강한 자신감과 자존감을 가지며, 더욱 성공적인 삶을 살아갈 수 있게 된다.

선택과목을 고를 때, 자신의 흥미와 장래의 꿈을 고려하여 선택하면 더욱 의미있는 학습이 가능해진다. 여러분이 선택한 과목에서 열정을 가지고 노력한다면, 자연스럽게 자신감과 자존감이 높아질 것이다. 또한, 다양한 학교활동에 참여하여 자신의 관심분야를 확장하고, 다른 친구들과 협력하며 성장하는 과정에서도 자신감과 자존감을 키울 수 있다.

학생들이 자신의 희망과 흥미를 고려하여 과목을 선택할 수 있도록 존중하는 교육과정 운영 방식은 현재 대입전형 중 학생부종합전형과 매우 잘 어울린다. 학생부종합전형은 학생의 성장 잠재력과 다양한 역량을 중시하는 평가 방식이기 때문이다. 이러한 전형에서는 학생이 어떤 과목을 어떻게 이수하였는지, 그리고 그 과목에 대한 열정과 노력을 얼마나 기울였는지가 중요한 평가 요소로 고려된다.

개별적인 희망과 특성을 고려한 교육과정은 학생부종합전형의 주요 목적인 학생의 개성과 잠재력을 발굴하는데 큰 도움이 된다. 학생들은 각자의 관심사와 능력에 맞추어 과목을 선택함으로써 자신만의 독특한 학업 경험을 쌓게 되며, 이를 바탕으로 학생부종합전형에서 더욱 빛날 수 있다. 이 과정에서 학생들의 독창성과 창의력이 발휘되기도 하며, 그 결과로 다양한 분야에서 활약할 인재들이 양성되는 것이다.

학생의 희망을 존중하여 과목 선택의 자유를 높이는 교육과정은 학생부종합전형에 큰 기여를 하게 된다. 학생들이 자신의 특성과 능력에 맞는 과목을 선택하고 성장할 수 있는 기회를 제공함으로써, 학생부종합전형의 평가에 긍정적인 영향을 미치게 되며, 이를 통해 다양한 역량을 갖춘 우수한 인재들이 성공적으로 발굴되는 결과를 가져올 것이다.

·학생부종합전형은 여러분이 지닌 학업능력의 우수성을 가장 중요한 평가기준으로 삼고 있으며 여러분이 이수한 교과목의 성취수준은 물론 선택한 과목의 세부적인 내용도 평가요소로 반영하고 있다.

·학생이 고등학교에서 교육과정을 통해 익히는 역량은 대학에서 전공하고자 하는 학과의 교육과정을 성공적으로 이수하는 초석이 되며 그 배움의 과정에서 드러난 학생의 우수한 역량을 판단하는 것이 학생부종합전형의 핵심이다.

·교과 성적을 평가할 때 학생이 이수한 과목의 선택 상황을 고려합니다. 소수 학생이 선택한 과목이나 난이도가 높은 과목을 이수하여 수치상 결과가 나쁠 수 있지만, 학생의 도전 정신과 호기심을 긍정적으로 평가한다면 도전하지 않은 학생에 비하여 더 좋은 평가를 할 수도 있다. 따라서 소규모 학교나 소수 학생이 이수하는 과목을 수강하는 것이 서류 평가에서 전혀 불리하지 않습니다.

<○○대학교, 2015 개정 교육과정에 따른 고교생활 가이드북 & 학생부종합전형 안내>

- 친구, 가족 및 학교 자원의 이해

고등학생 시기는 모든 십대 청소년의 삶에서 중요한 단계이다. 미래의 성공을 위한 토대를 마련하는 개인 개발, 학문적 진보 및 사회적 경험의 시기이다. 고등학교 생활은 개인의 개인적 및 학업적 성장에 중대한 영향을 미칠 수 있는 일련의 선택을 제시한다. 친구, 가족 및 학교 자원을 이해하는 것은 이러한 선택을 탐색하고 균형 잡힌 고등학교 경험을 달성하는 데 중요하다.

고등학교 학생들이 공통된 가치와 목표를 바탕으로 친구관계를 형성하는 것은 매우 중요하다. 이는 지지적이고 양육적인 환경으로 이어질 수 있기 때문이다. 긍정적인 역할 모델을 식별하고 친구가 됨으로써 학생들은 동료들로부터 배우고 부정적인 영향이나 유해한 관계의 함정을 피할 수 있다.

우정과 학업 사이의 건강한 균형을 유지하기 위해 학생들은 사회 활동과 학습 시간 사이에 명확한 경계를 설정해야 한다. 이는 바쁜 학업 기간 동안 공부를 위한 특정 시간을 따로 설정하고 사회적 참여를 제한함으로써 달성할 수 있다. 그렇게 함으로써 학생들은 학업적 성공을 저해하지 않으면서 의미 있는 우정의 혜택을 누릴 수 있을 것이다.

친구들은 서로를 이해하고, 함께 고민하며, 서로를 지지해주는 중요한 역할을 한다. 따라서 학생들은 친구들과 함께 고민하고, 서로를 지지해주는 것이 중요하다. 예를 들어, 학생이 선택한 과목이 너무 어려워서 고민하는 경우, 친구가 그 과목을 수강한 경험이 있다면, 그 친구의 조언을 듣는 것이 매우 유용할 것이다. 이를 통해 학생은 더욱 다양한 시각에서 고민을 할 수 있으며, 더욱 확실한 선택을 할 수 있다.

또한, 친구들과 함께 학교활동이나 동아리 활동을 할 때, 그것은 서로를 이해하고 지지해주는 좋은 기회가 된다. 친구들과 함께하는 활동을 통해 학생들은 더욱 다양한 경험을 쌓을 수 있으며, 그것이 학생들의 자신감과 자존감을 향상시키는데 큰 역할을 한다.

둘째로, 가족은 학생들에게 매우 중요한 지원체이다. 가족은 언제나 학생들을 이해하고 지지해주며, 그들의 성장과 발전을 위해 최선을 다한다. 따라서 학생들은 가족들과의 소통이 중요하며, 그것이 학생들의 자신감과 자존감을 향상시키는데 큰 역할을 한다. 예를 들어, 학생이 진로에 대한 고민을 하고 있다면, 가족들과 함께 이야기를 나누는 것이 매우 유용하다. 가족들은 학생들의 성장과 발전을 위해 최선을 다하며, 그들의 의견과 조언은 매우 중요하다. 따라서 학생들은 가족들과 함께 자신의 고민을 나누고, 그들의 조언을 듣는 것이 매우 유용하다.

또한, 가족들은 학생들의 성장과 발전을 위해 많은 자원을 제공해준다. 예를 들어, 학생이 수학 문제를 풀기 위해 가족의 도움을 받는다면, 그것은 학생들이 자신의 능력을 인정하고, 더욱 강한 자신감과 자존감을 가지게 만들어줄 것이다.

마지막으로, 학교 자원은 학생들이 선택의 연속에서 매우 중요한 역할을 한다. 학교는 학생들에게 다양한 자원을 제공해주며, 그것을 활용하는 것이 매우 중요하다. 고등학교에서 제공하는 학교활동은 매우 다양하다. 이 활동이 나의 진로에 어떻게 활용될 수 있는지 고민하고 선택하는 것은 고등학교 기간 내내 지속된다.

대부분의 학교에서 또래 멘토링 활동을 진행한다. 자신의 진로분야에서 학교 활동이 어떻게 활용될 수 있을지 영리하게 판단하고 꾸준히 수행해 나간다면 대입에서 우수한 평가를 받는데 도움이 될 것이다.

이외에도 다양한 학교 활동이 있다. 예를 들어, 학생이 수학 문제를 풀기 위해 선생님의 도움을 받는다면, 그것은 학생들이 자신의 능력을 인정하고, 더욱 강한 자신감과 자존감을 가지게 만들어준다. 이러한 친구, 가족 및 학교 자원을 이해하고 활용하는 것이 선택의 연속에서 매우 중요하다. 이를 통해 학생들은 더욱 강한 자신감과 자존감을 가지며, 더욱 성공적인 삶을 살아갈 수 있게 될 것이다.

04
고등학교에서 학업성공하기

고등학교에서 학업적 성공을 달성하는 것은 고등 교육 및 미래의 직업 기회에 대한 강력한 기반을 갖추는 데 매우 중요하다. 이번 챕터에서는 고등학교의 학업 수준에 적응하는 방법, 효과적인 시간 관리 및 조직 요령, 학생들이 학업적으로 뛰어나도록 도울 수 있는 학습 전략에 대한 지침을 제공하는 방법을 설명하고자 한다.

- 고등학교의 학업수준에 적응

고등학교의 학업 수준은 중학교와는 매우 다르다. 따라서, 고등학교에 적응하는 것이 매우 중요하다. 최근 고등학교 학업수준과 교육과정에서는 고교학점제의 이해가 필수적이다.

2020학년도부터 마이스터고를 비롯한 특수목적고에서 시행되던 고교학점제가 2022학년도부터는 특성화고등학교에서도 시행되기 시작하였다. 그리고 일반고등학교는 2023학년도 1학년부터 단계적으로 고교 학점제가 적용된다. 따라서, 2023학년도 입학생부터는 이수단위라는 용어가 이수학점으로 변경되며, 3년간 총 이수학점은 교과 174학점, 창의적 체험활동 18학점으로 조정된다.

현재 1학점은 50분 17회(16+1회)이지만, 2025학년도부터는 1학점이 50분 16회로 변경 적용된다. 이러한 변화는 학생들의 학습 방식과 학교 교육 방식에 대한 변화를 가져올 것으로 예상된다. 학생들은 각 과목에서 요구되는 학점을 이수하기 위해 더욱 열심히 노력해야 하며, 학교에서는 학생들의 이러한 노력을 보다 적극적으로 인정하고 지원해야 한다. 이를 통해, 학생들은 더욱 개인화된 교육을 받을 수 있고, 학습 동기부여가 높아지며, 미래에 대한 계획을 더욱 구체적으로 세울 수 있을 것이다.

고교학점제의 도입으로 인한 학사 운영 체계의 변화는 단순히 시수 감축을 의미하는 것이 아니다. 학생 맞춤형 선택 교육과정(학점제형 교육과정)을 운영하기 위해서는 이를 위한 여유가 필요하다. 이를 위해 공강 시간이 발생할 수도 있으며, 학교 간 협력 교육과정을 운영하는 경우에는 기존의 시수를 유지하면 운영이 어려울 수 있다.

그러나 이러한 변화는 학생들의 학습 효율성과 학교 교육 효과성을 높이는 데 큰 역할을 할 것이다. 학생들은 자신의 관심과 역량에 맞는 과목을 선택할 수 있어 학습 동기부여가 높아질 것이다. 또한, 학생들은 학교에서 제공하는 자원을 보다 효과적으로 활용할 수 있을 것이다. 이러한 변화를 통해 학교는 더욱 개인화된 교육과정을 운영하게 되며, 학생들은 보다 효과적인 학습을 할 수 있다.

학교에서는 학생의 진로와 적성, 흥미 등을 고려한 과목 선택이 가능하도록 개별 학생 맞춤형 선택 교육과정을 준비한다. 교과별로 학생의 다양한 진로를 고려한 학기별 이수 과목을 전체적으로 보고 학생 진로의 다양성을 포용할 수 있는 교육과정을 구성해야 할 것이다.

이러한 학생 맞춤형 선택 교육과정을 통해 학생들의 학습 동기부여와 학습 성취도를 높이는 데 도움이 될 것이다. 학생들이 자신의 관심사와 능력에 맞게 과목을 선택할 수 있으므로 학생들은 보다 적극적으로 학습에 참여하게 된다. 이러한 변화를 통해 학생들은 보다 적극적으로 학습에 참여하며 미래를 준비할 수 있을 것이다.

학생들은 개인적으로 수강 신청을 진행하며, 학교는 교육과정 이수 조건 충족 및 과목 간 위계 준수 여부 등에 대해 모니터링을 하게 된다.

이를 위해 교육부 고교학점제 수강 신청 프로그램(www.hscredit.net)을 활용하면 편리하다. 이를 통해 학생들은 자신의 선호와 필요에 따라 과목을 선택하며, 개인 맞춤형 교육과정을 이수할 수 있다.

하지만, 학교 여건상 개설이 어려운 경우도 있을 수 있다. 이 경우에는 학교 간 협력 교육과정 등을 통해 이수하는 방안이 있다. 학생들은 자신의 진로와 관심사에 맞게 다양한 과목을 선택하여 적극적으로 학습에 참여해야 할 것이다. 학생들과 학부모들은 긍정적인 시각으로 바라보고, 학교는 학생들의 학습 효율성을 높일 수 있는 다양한 방법을 모색해야 한다. 이를 위해서는 학교와 학생들, 학부모들 간의 소통과 협력이 중요하다.

대학 입학시 학생부종합전형에서 고려하는 평가 요소와 항목의 비중은 대학마다 약간씩 차이가 있지만, 대체로 대학들이 중점을 두는 항목들은 비슷한 경향을 보인다. 일반적으로 학생부종합전형에서는 학업 역량, 진로 역량, 공동체 역량 등 세 가지 주요 분야를 평가의 기준으로 삼는다. 이러한 평가 요소들을 통해 학생들의 다양한 능력과 잠재력을 종합적으로 파악하게 된다.

학업 역량과 진로 역량은 학생의 과목 선택과 밀접한 관련이 있다. 학업 역량은 학생이 어떤 과목에서 어떤 성과를 거두었는지, 그리고 그 과정에서 어떠한 노력과 열정을 보였는지 등을 살펴본다. 이를 통해 학생의 학문적 역량과 성취도를 평가할 수 있다. 반면, 진로 역량은 학생이 선택한 과목들이 어떻게 그들의 진로와 연관되어 있는지, 그리고 학생들이 자신의 미래를 어떻게 설계하고 있는지 등을 고려한다. 이를 통해 학생의 진로에 대한 비전과 계획, 그리고 그를 이루기 위한 노력을 평가하게 된다.

학생부종합전형의 다른 주요 평가 요소인 공동체 역량은 학생들이 자신이 속한 공동체에서 어떤 역할을 수행하고, 그들이 어떻게 협력하고 소통하는지를 살피는 부분이다. 이 요소를 통해 학생들의 리더십, 협동심, 의사소통 능력 등이 평가되며, 이는 학교 생활과 사회에서 중요한 역할을 하는 능력들이다.

학생들은 자신의 특성과 능력에 맞는 과목을 선택하고, 그에 따른 학문적 성과와 진로 계획을 제시할 기회를 얻게 된다. 이를 통해 학생들은 자신만의 독특한 역량을 발휘하고, 대학에 입학하여 그 역량을 더욱 발전시킬 수 있는 환경에서 성장할 수 있다.

- 시간 관리 및 조직 팁

고등학생들은 매우 바쁜 일정을 갖고 있다. 학교 수업, 과제, 동아리 활동, 대회 준비 등 다양한 일정으로 인해 시간 관리가 매우 중요하다. 이를 위해서는 몇 가지 방법을 적용해 볼 수 있다.

첫째, 시간을 효율적으로 분배하는 것이다. 하루 일과를 계획하여 중요도와 긴급도를 고려한 후, 시간을 효율적으로 배분해야 한다. 이때, 계획한 일정에 따라 자신을 계속해서 동기부여하는 것이 중요하다.

계획표나 스케줄러를 작성하는 것은 도움이 될 수 있다. 고등학교에서 치르는 모의고사는 벼락치기 방식으로는 대비할 수 없다. 따라서 계획표를 통해 시간을 효율적으로 분배하고, 공부할 일정과 우선순위를 명확히 정할 수 있다. 또한, 계획표를 작성함으로써 시간 관리 능력도 함께 향상시킬 수 있다.

고등학교에 진학하면 중학교와 달리 정기적으로 전국단위 모의고사를 치르게 된다. 모의고사를 대비하기 위해서는 일정한 학습과 복습이 필요하다. 이를 위해서는 시험까지의 일정을 정해놓고, 꾸준히 현재의 학습을 점검하는 것이 필요하다.

벼락치기 방식으로 모의고사를 대비하는 것은 효과적이지 않다. 이는 시험 당일에만 잠시 효과가 있을 뿐, 장기적인 학습과 발전에는 큰 도움이 되지 않기 때문이다. 따라서, 모의고사를 대비하기 위해서는 지속적인 학습과 복습, 그리고 일정한 계획과 준비가 필요하다.

모의고사를 대비하는 과정에서는 스트레스와 불안감도 함께 느끼게 된다. 이러한 감정을 극복하기 위해서는, 먼저 자신이 할 수 있는 최선을 다하면 되고, 과도한 강박과 부담감을 느끼지 않도록 자신에게 적절한 휴식과 관리를 해야 한다. 이를 위해 충분한 수면과 적절한 식습관, 그리고 적극적인 스트레칭과 운동도 계획에 포함하여 자신만의 루틴을 만들어서 관리하는 것이 좋다.

둘째, 목표를 세우고 이를 달성하기 위한 작은 단계를 설정하자. 당신의 궁극적인 목표를 세운 뒤, 그것을 작은 단계별 목표로 나누어 도전해보자. 이 과정에서 성취감을 느끼며 동기를 부여받을 수 있다. 목표를 달성할 때마다 성공을 기록하고, 자신의 발전을 확인하며 자신감을 높여나갈 수 있다.

내신과 모의고사에서 한번 좋은 성적을 거두는 것도 중요하지만, 자신의 약점을 지속적으로 보완하며 꾸준히 성적을 향상시키는 것도 중요한 과제이다. 이를 위해, 시험 문제를 분석하고, 이전 시험에서 자신이 틀린 부분을 중점적으로 학습하면 좋다.

내신의 경우 출제자가 학교 선생님이라는 것을 반드시 기억해야 한다. 특히나 학교시험에서는 수업 시간에 선생님이 가르친 내용과 수업내용, 교과서를 기반으로 한 문제가 많이 출제된다. 교과서를 완벽하게 이해하고, 중요한 내용을 정리하여 반복 학습해야 한다. 같은 과목에 여러 명의 선생님이 수업을 진행하는 경우라면, 다른 반의 필기내용을 확인하며 수업을 총체적으로 점검하는 것도 좋은 학습태도이다.

학교홈페이지에 작년 기출문제가 탑재되거나, 작년 기출문제를 학교에서 공개하는 경우에는 반드시 확인해 보는 것이 좋다. 기출 문제를 풀어보며, 내신 시험의 출제 경향을 파악하고, 자신의 약점을 발견하는 과정에서 공부가 이뤄지기 때문이다.

모의고사의 경우에는 전국적으로 공통된 기준으로 출제되기 때문에, 전국단위에서의 자신의 경쟁력을 키울 수 있다. 모의고사를 통해 다양한 학교의 문제 스타일을 경험하고, 전국 대비 자신의 실력을 파악할 수 있다. 또한, 모의고사를 통해 대학 입시의 트렌드와 난이도를 사전에 체감할 수 있어, 실제 수능 시험에 대비하는데 도움이 된다.

모의고사를 준비할 때는 다양한 출처의 문제집과 모의고사를 활용하는 것이 좋다. 각 출처별로 출제 성향이 다르기 때문에, 여러 출처의 문제를 풀면 시험에 대한 폭넓은 대비가 가능하다. 또한, 모의고사를 통해 자주 나오는 문제 유형을 파악하고, 이를 반복 학습하여 문제 풀이 속도와 정확도를 높일 수 있다.

장기적으로 모의고사는 전국수준에서 자신의 위치를 알게 해주고, 현재 학습이 얼마나 효과적인지 보여주는 수단이다. 최종적으로는 수능에서 최선의 성적을 얻을 수 있도록 자신의 학습을 점검해 가는 도구로 활용해야 한다.

내신과 모의고사 모두 중요한 시험이지만, 각각의 특성을 파악하고 적절한 전략을 세워 공부하는 것이 중요하다. 내신에서는 선생님의 수업 내용과 교과서를 완벽하게 이해하는 것이 핵심이고, 모의고사에서는 다양한 출처의 문제를 통해 전국적인 경쟁력을 키워야 한다. 이 두 가지를 병행하며 꾸준히 노력하면 좋은 성적을 거두는 것이 가능할 것이다. 도전을 두려워하지 말고, 자신의 목표를 향해 나아가는 과정에서 성장하는 경험을 누릴 수 있을 것이다.

셋째, 성공적인 고등학교 생활을 위해서는 미루지 않고 일을 처리하는 것이 중요하다. 일정한 시간을 정해놓고, 그때 그때 처리해야 하는 일을 미루지 않고 바로 처리하는 것이 중요하다. 이렇게 하면 당일 일정이 마치고 나면 시간 낭비 없이 더 많은 일을 할 수 있다.

고등학교에서는 다양한 과제, 발표, 산출물 작성 등 학업에 대한 요구사항이 점점 더 많아진다. 이러한 다양한 학업 활동들을 효율적으로 처리하기 위해서는 시간을 꼼꼼하게 관리할 필요가 있다. 예를 들어, 과제가 주어진 즉시 시작하여 일찍 마무리하는 것이 좋다. 이렇게 하면 마감일에 급하게 일을 처리하는 스트레스를 줄일 수 있으며, 퀄리티 있는 작업을 할 수 있다.

또한, 발표나 산출물 작성의 경우에도 일정한 시간을 정해놓고 차근차근 준비하는 것이 좋다. 미리 계획을 세워놓고, 여유 있는 시간에 조금씩 작업을 진행하면, 마지막 순간에 급하게 준비하지 않아도 된다. 이러한 시간 관리를 통해 마감일을 준수하고, 높은 퀄리티의 작업을 성취할 수 있다.

시간 관리가 잘 되면, 과제와 발표 외에도 개인적인 학습 시간이나 여가 시간을 즐길 수 있다. 이를 통해 스트레스를 해소하고, 좀 더 행복한 고등학교 생활을 누릴 수 있다. 시간 관리는 곧 성공적인 고등학교 생활의 핵심이며, 이를 바탕으로 목표를 달성하는 데 큰 도움이 될 것이다. 따라서, 시간을 꼼꼼하게 관리하여 고등학교에서의 다양한 학업 요구사항을 성공적으로 수행하고 성장하는 과정을 즐겨보는 것을 추천한다.

넷째, 성공적인 고등학교 생활을 위해서는 시간 낭비를 줄여야 한다. SNS나 게임 등과 같은 시간 낭비를 줄이기 위해서는 일정한 시간을 정해놓고 사용하고, 그 이외의 시간에는 이를 사용하지 않는 것이 좋다. 이를 위해서는 핸드폰을 다른 곳에 두는 것을 추천한다. 핸드폰을 학습 공간에서 멀리 떨어뜨려 놓거나, 집중해서 공부해야 하는 시간에는 다른 방에서 핸드폰을 두어 자신의 집중력을 유지하는 것이 좋다.

자율학습실이나 독서실, 스터디카페 등을 이용할 때 신발장에 핸드폰을 두는 것도 좋은 방법이다. 과도한 핸드폰 사용을 자제하고 공부의 효율을 높이기 위한 자신만의 방법을 개발해서 적용해보자.

학습 시간을 관리하고 집중력을 높이기 위해 타이머를 사용하는 것도 효과적이다. 예를 들어, 25분 동안 집중해서 공부하고 5분간 휴식하는 포모도로 기법을 사용해 볼 수 있다. 이렇게 하면 핸드폰 사용 시간을 줄이고 공부에 집중할 수 있다.

타이머를 여러개 사용하며, 총 공부시간을 확인하는 것도 좋은 방법이다. 총 공부시간 중에서 순수하게 공부한 시간(순공시간)을 확인하는 것이다. 순공시간이란, 공부를 하면서 실제로 집중해서 공부한 시간을 말한다. 예를 들어, 1시간동안 공부를 했지만, 그 중에는 핸드폰을 만지거나 다른 일을 하며 집중을 못한 시간이 있다면, 실제로 집중해서 공부한 시간은 30분, 40분 정도 인 것이다.

공부법은 다음과 같다. 먼저, 순공시간을 체크하고자 하는 시간 동안은 핸드폰, SNS, 게임 등의 방해 요소를 모두 차단하고, 공부에 집중해야 한다. 그리고, 타이머를 시작한다. 시작 버튼을 누르면, 타이머가 작동되면서 순공시간을 체크한다. 이때, 핸드폰이나 다른 방해 요소에 손을 대거나, 공부를 멈추는 경우에는 타이머를 멈추고, 집중해서 공부한 시간만 체크하는 것이 중요하다. 이렇게 기록된 순공시간은, 자신의 학습 습관을 분석하고, 향상시키는데 매우 유용한 정보가 된다.

처음 순공시간을 확인해보면, 3시간 동안 순공시간은 1시간 정도밖에 되지 않을 수도 있다. 순공시간을 늘려가며 공부시간의 질을 높이는 것도 좋은 방법임을 꼭 기억하자.

다섯째, 잠을 충분히 자는 것은 무엇보다도 중요하다. 과도한 공부와 스트레스는 건강에 나쁜 영향을 줄 수 있다. 따라서 일정한 시간을 정해놓고 충분한 휴식과 잠을 취하는 것이 중요하다. 수년간 고등학교에서 학생들을 지도하면서 충분한 수면을 하며 꾸준한 운동을 병행한 학생들이 고등학교 3학년이 되었을 때도 지치지 않고 끝까지 우수한 성적을 거두는 것을 지켜보았다.

이러한 방법들을 적용하면 고등학생들은 시간 관리를 효율적으로 할 수 있다. 이는 학생들이 더 많은 일을 할 수 있고, 더욱 효율적인 학습과 발전을 이룰 수 있게 해줄 것이다.

- 성공을 위한 공부 전략

2015 개정 교육과정의 주요 목표는 인문, 사회, 과학기술 기초 소양을 고르게 함양하며, 학생의 적성과 진로에 맞춘 선택 학습을 강화하는 것이다. 고등학교 교육과정은 교과(군)와 창의적 체험활동으로 구성되어 있으며, 총 이수 단위는 204단위로, 교과(군)가 180단위, 창의적 체험활동이 24단위(408시간)이다.

교과는 보통 교과와 전문 교과로 나뉜다. 보통 교과는 모든 학생이 이수해야 하는 '공통 과목'과 선택적으로 이수하는 '선택 과목'으로 구성되어 있다. '선택 과목'은 '일반 선택 과목'과 '진로 선택 과목'으로 구분된다.

1학년 때에는 '공통 과목'을 통해 기초 소양을 함양하고, 2학년과 3학년에서는 학생들의 적성과 진로에 따라 과목을 선택할 수 있게 된다. 일반 선택 과목은 고등학교에서 교과별 학문에 대한 기본 이해를 위해 구성된 과목으로, 모든 학생이 넓은 범위에서 선택할 수 있다. 반면, 진로 선택 과목은 학생의 적성과 진로에 맞춰 선택할 수 있는 과목으로, 교과 융합학습, 진로 안내학습, 교과별 심화학습, 실생활 체험학습 등이 가능하다.

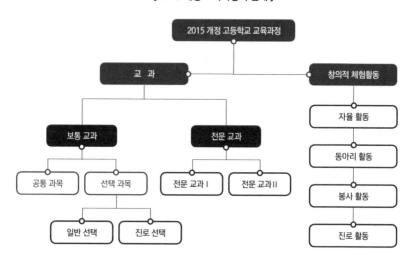

[2015 개정 교육과정의 편제]

일반고 학생들에게는 보통 교과 수준의 과목을 폭넓게 학습하는 것이 학문의 기초를 다지는데 큰 도움이 된다. 기본적인 과목을 충분히 이해한 후, 더 깊이 있는 학습을 원하는 학생들은 전문 교과Ⅰ 과목을 선택하여 공부할 수 있다.

공통과목(과학탐구실험 제외), 일반 선택 과목 중 기초, 탐구, 생활·교양 교과(군)(교양 교과 제외)의 과목들은 5단계 성취도 평가가 진행되며, 이와 함께 상대평가 석차등급도 산출된다. 그러나 5단계 성취도 평가가 적용되는 과목과 교양 교과목을 제외한 나머지 과목들은 3단계 성취도 평가를 받으며, 이 경우에는 석차등급은 산출되지 않는다. 이러한 평가 방식을 통해 학생들은 자신이 배운 과목에 대한 성취도와 순위를 파악할 수 있다.

<고등학교 보통 교과 교과목>

교과 영역	교과 (군)	공통 과목	선택과목	
			일반 선택	진로 선택
기초	국어	국어	화법과 작문, 독서, 언어와 매체, 문학	실용국어, 심화 국어, 고전 읽기
	수학	수학	수학Ⅰ, 수학Ⅱ, 미적분, 확률과 통계	기본 수학, 실용 수학, 인공지능 수학, 기하, 경제 수학, 수학과제 탐구
	영어	영어	영어 회화, 영어Ⅰ, 영어Ⅱ, 영어 독해와 작문	기본 영어, 실용 영어, 영어권 문화, 진로 영어, 영미 문학 읽기

	한국사	한국사		
탐구	사회 (역사/도덕)	통합사회	한국지리, 세계지리, 세계사, 동아시아사, 경제, 정치와 법, 사회·문화, 생활과 윤리, 윤리와 사상	여행지리, 사회문제 탐구, 고전과 윤리
	과학	통합과학 과학탐구실험	물리학 I 화학 I 생명과학 I 지구과학 I	물리학 II, 화학 II, 생명과학 II, 지구과학 II, 과학사, 생활과 과학, 융합과학
체육 예술	체육		체육, 운동과 건강	스포츠 생활, 체육 탐구
	예술		음악, 미술, 연극	음악 연주, 음악 감상과 비평

				미술 창작, 미술 감상과 비평
생활 교양	기술 가정		기술·가정, 정보	농업 생명 과학, 공학 일반, 창의 경영, 해양 문화와 기술, 가정 과학, 지식 재산 일반, 인공 지능 기초
	제2 외국어/ 한문		독일어Ⅰ 프랑스어Ⅰ 스페인어Ⅰ 중국어Ⅰ 일본어Ⅰ 러시아어Ⅰ 아랍어Ⅰ 베트남어Ⅰ 한문Ⅰ	독일어Ⅱ 프랑스어Ⅱ 스페인어Ⅱ 중국어Ⅱ 일본어Ⅱ 러시아어Ⅱ 아랍어Ⅱ 베트남어Ⅱ 한문Ⅱ

	교양		철학, 논리학, 심리학, 교육학, 종교학, 진로와 직업, 보건, 환경, 실용 경제, 논술	

고등학교에서 학업을 성공하기 위해서는, 효율적인 공부 전략이 필요하다. 이를 위해, 몇 가지 전략은 다음과 같다.

첫째, 공부는 끊임없이 해나가야 한다. 지속적인 공부가 중요한 이유는, 공부한 내용이 잊혀지지 않도록 하기 위해서이다. 따라서, 꾸준한 복습이 필요하다.

둘째, 문제 풀이는 필수이다. 문제 풀이를 통해, 개념을 이해하고, 문제 해결 능력을 향상시킬 수 있다. 따라서, 문제 풀이 연습을 많이 해보는 것이 좋다.

셋째, 질문을 많이 하는 것이 좋다. 공부를 하다가 이해하지 못하는 부분이 있으면, 선생님에게 질문을 하자. 또한, 동기들과 함께 공부하면, 서로 질문하고 답변하는 것도 좋은 방법이다. 많은 고등학교에서는 '또래 멘토링'이라는 학교활동을 운영하고 있다. 이는 학교활동에 기록되는 활동이면서 동시에, 스스로의 학습을 점검할 수 있는 좋은 기회이다. 친구가 모르는 것을 설명해주면서 자신도 그 부분을 정확하게 알게 된다.

종합적으로, 고등학교에서 학업을 성공하기 위해서는, 고등학교의 학업 수준에 적응하고, 시간 관리와 조직력을 향상시키며, 성공을 위한 공부 전략을 습득하는 것이 중요하다. 이를 통해, 학생들은 목표를 이루며, 성공적인 삶을 살아갈 수 있다.

05
열정과 관심사 찾기

고교학점제에서 고등학생들은 관심, 열정 및 진로에 따라 과정을 선택하고 공부해야 한다. 학습 계획을 세우는 것은 학생들이 진로를 설계하고 적절한 과목을 선택하는 능력을 향상시키는 중요한 활동이다. 학습 계획을 세우고 학교 활동에 적극적으로 참여함으로써 학생들은 자신의 진로를 설계하고 적절한 과목을 선택하는 능력을 향상시킬 수 있다. 학생들은 고교학점제에서 제공하는 교육과정의 유연성과 기회를 활용하고 목표에 부합하는 학교 활동에 참여하면 좋다.

- 학교 활동 탐색

2022년 2월, 교육부는 학생들을 위한 역동적이고 매력적인 학습 환경 조성을 목표로 하는 다양한 학교 활동을 강조하는 "수업 유연성에 따른 학교 자율 교육 과정 운영 사례집"을 발표했다. 대부분의 고등학교는 자율적 교육과정을 운영하고 있다. 미리 학교의 교육과정을 이해한다면 효과적인 고등학교 생활을 할 수 있을 것이다.

자율적 교육과정 운영
① 진로집중형 : 진로설계 . 체험, 고등학교 1학년 대상 진로집중학기제 운영 시간
② 학습몰입형 : 교과목별 심화 이론, 과제 탐구 등 심층적 학습 시간 운영
③ 보충수업형 : 학습 결손, 학습 수준 미흡 학생 대상 보충수업
④ 동아리형 : 학습동아리 연계 운영, 교과목에 관한 학생 주도적 학습 시간 운영
⑤ 프로젝트형 : 교과목 융합학습 등 주제 중심의 프로젝트 수업, 직업 체험 프로젝트 등 운영

또한, 고등학교에서는 학교 자율교육과정을 학기말 지필고사가 끝나고 학기말 교육과정 취약시기에 운영하고 있다. 재학중인 학교의 학사 일정을 파악하면 좋다.

2022년 2월, 교육부는 학생들을 위한 역동적이고 매력적인 학습 환경 조성을 목표로 하는 다양한 학교 활동을 강조하는 "수업 유연성에 따른 학교 자율 교육 과정 운영 사례집"을 발표했다. 사례집에서 제시한 학교자율운영과정 예시사례 처럼 다른 학교에서도 유사한 과정을 운영하고 있다. 학생들은 학교과정을 통해 학업 및 개인적 성장을 이루고, 최종적으로 교실 밖에서 성공할 수 있도록 준비할 수 있을 것이다.

◆ A학교 사례 : 진로집중형 + 동아리형 + 프로젝트형

① 운영 시기

2021.7/13(화)	7/14(수)	7/15(목)	12/27(월)
교과목 융합적 프로젝트형 수업 및 교과목 융합적 보충수업		동아리 주도 학술 탐구 활동	독서연계 진로 집중 프로그램

② 운영 내용

- (1학기) 교과목 융합 프로그램 운영 사례

과목	주제	1일차	2일차
사회/과학	메타버스 시대, 경제읽기	1교시 : 모의투자 레이스 규칙 설명 2~6교시 : 모의투자 레이스(주식 PBL) -해당 연도의 경제 이슈 분석 -분석한 내용을 바탕으로 주가를 예측하여 모의 주식 사기 -가장 많은 금액을	1교시 : 올바른 투자 방법 이해하기 2~4교시 : 책 '메타버스(김상균)' 발췌하여 읽기 - 새로운 IT 기술(증강현실, 가상세계 등)을 조사하며 메타버스 시대 파악하기 5~6교시 : 메타버

		번 팀 우승 7교시 : 활동 마무리, 자기평가서 쓰기	스 시대의 투자 포트폴리오 및 홍보물 만들기 7교시 : 활동 마무리, 자기평가서 쓰기
국어/ 미술	야생화 감성 사전 만들기	1~2교시 : 환경연수원 숲생태계 탐방 및 해설 듣기/산에 서식하는 생태 식물 찾기 미션 3~4교시 : 야생화 탐구 •5~6교시 : 야생화 꽃말 및 배경설화, 창작시 만들기	1~4교시 : 야생화 감성사전 만들기 5~6교시 : 전시 및 감상나누기
지리/ 영어	Global Social innovation ca mpaign (GSIC)	1~4교시 : 국제이슈 탐구 및 브리핑 자료 만들기 5~7교시 : 국제이슈 브리핑 및 해결방안 모색	1~5교시 : 국제이슈 비대면 캠페인 자료(카드 뉴스, 영상 등) 제작(한글/영어) 6~7교시 : 비대면 캠페인 자료 게시

			및 캠페인 활동
국어/ 역사	문학과 역사가 숨쉬는 시티투어	[답사] 1~2교시 : 스마트폰으로 '00서원' 검색하여 역사적 가치 정리하기. 3~7교시 : 서원, 문학관, 박물관 답사하기, 인상 깊은 장소와 의의가 있는 것들 촬영하기	[매체를 활용하여 정보 전달하기] 1교시 : 답사에서 인상 깊었던 장소 또는 작품 또는 주제를 선정하고, 선정 이유 작성하기 2~6교시 : 선정한 주제에 적합한 정보 전달 매체를 선정하고, 매체 유형에 맞는 전달방식 을 사용하여 정보 전달을 위한 결과물 완성하기 - 인쇄 매체 또는 영상 매체 또는 인터넷 매체 활용 7교시 : 스마트폰을 활용하여 해당 활동 자기 평가서 작성하기
과학/	산업체 방문 자	[견학]	1~7교시 : 마이크

정보	연 탐구 코딩		로비트를 활용한 프로그래 밍 활동 (강사초청)

•(1학기) 동아리 주도 학술 탐구 활동 사례 : 동아리활동을 2개의 그룹으로 나누어 학술동아리와 꿈끼동아리로 1인 2개, 자율적 교육과정 운영 기간에는 심화/실험/영어소개 등 학술 동아리 활동

진행

동아리형 활동 사례 예시 : GCSI
•프로파일링, 범죄심리학, 과학수사에 대한 진로희망 학생들이 모여 만든 GCSI
•이슈되는 사회적 사건과 범죄나 미제사건, 사회적으로 큰 파장을 불러일으킨 범죄 사건 등의 인물 심리를 프로파일링
•언론에 보도된 과학수사 과정을 조사하고 과학수사 관련 실험을 진행
•학기말 교육과정 자율 기간에는 범죄 심리 수사관련 자료를 수집 및 관련 실험 활동을 구체화
•온종일 활동으로 깊이 있는 탐구 가능
•동아리활동을 영어로 내용을 제시하고 소개하는 스토리보드 작성하는 체험 실시

• (2학기) 독서연계 진로집중 프로그램 운영 사례 : 21개의 독서 및 강연 프로그램 중 무학년으로 택1, 교육청 학급문고 사업과 연계하여 학생들에게 21개의 진로 분야별로 도서 제공, 희망 진로분야와 관련된 독서를 한 후 교수의 강연을 듣고 질의응답, 강연 강사는 대학교수 또는 관련 전문가

◆ B학교 사례 :학습몰입형 + 프로젝트형

① 운영 시기

•(1학기) 2021.7.9(금) ~ 15(목) 1학기 말 수업 시간 활용

•(2학기) 2021.12.20(월) ~ 24(금) 2학기 말 수업 시간 활용

② 운영 내용

•1학년 대상

-(1학기) 진로 설계를 위한 교과목 융합 탐구 프로그램 "다양성의 발견"

과목	재구성(수업 내용 및 방법)
국어	[사라져가는 언어들] •단편소설 '여섯 개의 화살(김동식)'을 읽고 모둠별로 '소수 문화와의 공존'을 논제로 비경쟁적 토론 •유네스코 '소멸위기에 처한 언어지도(Atlas of the World's Languages in Danger)' 탐색 활동
통합 사회	[히든 컨트리 활동](2차시) •전 세계 190여 개국 중 자신의 인식 밖에 숨겨져 있는 나라 '히든 컨트리'를 선정하고, 학생 개개인이 '히든 컨트리'

	가 되어 그 나라만이 지닌 공간적 특징과 우리나라와의 연관성 탐색 [이방인을 대하는 태도](2차시) •영화 <엑스맨>을 감상하고, 뮤턴트(돌연변이)들과 마주한 인간들의 다양한 반응을 파악하고, 바람직한 대응에 대한 비판적 성찰하기
통합 과학	[원소의 불꽃 반응](1차시) •실험을 통해 원소마다 지닌 고유의 불꽃색을 파악하고, 금속 각각이 지닌 다양한 특성을 인식하고 구분하기 [생물 다양성](1차시) •멸종 위기 동물이 무엇인지 알아보기 •멸종 위기 동물이 사라졌을 때, 자연에 미치는 영향 파악하기 [인간 다양성과 기술적 이용](2차시) •인간 개체의 다양성을 지문의 관점에서 확인하고, 지문의 생성원리 파악하기 •직접 지문을 채취해봄으로써 범죄현장이나 개인 식별 과정에서 지문이 갖는 의미 파악하기
영어	[세계 영어의 다양성] •영화 <더 헬프>, <겟 아웃>을 통해 미국내 인종차별의 과거와 현재에 대해 알아본 후, '조지 플로이드 사망 사건'을 다룬 영어 기사를 읽어보고 관심있는 기사를 찾아 요약해보기

과목	
	•영국, 미국, 호주 세 나라가 사용하는 영어의 공통점과 차이점을 비교 분석 해보기. 미디어 속에서 나타나는 영국, 미국, 호주 영어들을 찾아 들어보고, 각 나라별로 실생활에서 자주 쓰는 표현들 익히기

• 2학년 대상

- (1학기) 교과 융합 프로젝트 공감

과목	재구성(수업 내용 및 방법)
영어Ⅰ	[문제해결식 질문을 통한 Story 뒤집기](4차시) •영화 <인턴>을 감상하고 영화장면 자막을 통한 학습하기 •문제해결식 질문을 통해 장면/역할/대사/결말 바꾸어 다시 그려보기
수학Ⅰ	[세상을 보는 눈 : 수학](4차시) •신은 수학자일까? •세상을 이해하고 진리를 탐구하는 수학을 통해 세상을 이해하고 공감하기
화학Ⅰ	[북극곰을 아프게 한 화학 반응](2차시) •지구 환경변화를 일으킨 화학 반응 찾아보기 •환경위기에 대한 경각심을 갖기 위해 북극곰의 입장에서

	인간에게 보내는 편지 작성하기
현대 문학 감상	[시경험쓰기](1차시) •시집을 읽고, 자기 경험과 연결 지을 수 있으면서 공감되는 시를 찾아, 그와 관련된 자신의 경험을 한 편의 수필로 작성하고 친구와 공유하기
진로와 직업	[감정노동 이해와 공감 실천](1차시) •감정노동 개념, 감정노동 관련 직업, 스마일 마스크증후군(Smile Mask Syndrome), 감정노동 공감 실천방안 등
한국사	[대정 신축민란 이해하기](3차시) •천주교도와 제주도민 사이의 갈등을 역사적 맥락 속에서 이해하기 •대정 주민과 천주교도 간 집단기억의 차이가 발생하는 원인 분석하기 •과거의 갈등을 해결하고 서로의 아픔을 공감하기 위한 방법 찾아보기
생명 과학Ⅰ / 윤리 와 사 상	[다른 존재에 대한 이해, 오징어 해부 실험을 통한 생명체 공감](3차시) •'생명과학Ⅰ'에서 오징어 해부 실험을 통해 인간과 오징어의 생물적 기관의 공통점과 차이점을 파악하기 •'윤리와 사상'에서 불교 윤리의 연기(緣起), 노장 사상의 제물(齊物)의 관점을 배우고 인간과 자연에 대해 공감하기

	•모든 생물에는 생명 활동을 원활히 수행하기 위한 비슷한 종류의 기관들이 함께 통합적으로 작용하고 있다는 것을 오징어를 해부하여 사람과 비교함으로써 '생명체는 공감할 수 있는 존재'라는 것을 이해하기

-(2학기) 삶 속 다양한 문제 해결을 위한 교과목 융합 및 범주제 학습 프로젝트

<교과목 융합 프로젝트 : 대정 지역 해상풍력단지 설치 문제 탐구>

과목	재구성(수업 내용 및 방법)
화학Ⅰ	[수직축 풍력발전기 제작] •제주도 풍력발전 설치 현황을 파악하여 풍력발전에 대한 흥미 돋우기 •수직축 풍력발전기 제작을 통한 풍력 발전의 원리 파악하기
물리학Ⅰ	[전자기 유도실험을 통한 풍력 발전 원리 이해] •신재생 에너지의 의미와 종류 이해하기 •실험을 통해 풍력 발전기의 원리인 전자기 유도 현상 탐구하기
경제	[풍력발전과 화력발전의 경제성 비교] •풍력/화력발전의 경제성을 비교하기 위해 필요한 자료

	알아보기
	•모둠별로 합리적 선택과정(비용-편익 분석)을 통해 풍력 발전과 화력발전의 연간 총비용, 연간 매출액, 수익률을 구하는 활동을 통해 경제성 비교하기
생명과 학Ⅰ	[대정지역 해상풍력단지 설치에 관한 생물생태학적 탐구] •대정지역에 해상풍력단지 건설이 가져다 줄 생물학 . 생태학적 이점 및 결점 조사하기 •전체 토의 활동을 통해 조사한 결과를 공유한 후 해양생태계 보존과 생물 다양성에 대한 전체 의견 나누기
윤리와 사상	[합리적 선택은 윤리적 선택인가?] •지구상의 7가지 존재(의사, 임산부, 병든 노인, 범죄자, 돌고래, 나무, 흙)에게 6개의 물통을 정의롭게 분배하는 활동을 통해 합리적 선택과 윤리적 선택의 공통점과 차이점 이해하기
교과목 융합	[여러 가치를 고려하여 대정지역 해상풍력단지 설치 찬반 토론하기] •과학 기술 가치, 환경 가치, 생명 가치, 경제 가치, 윤리 가치 등을 융합적으로 고려하여 "대정지역 해상풍력단지 설치"찬성/반대 토론하기
추가 탐구	[대정지역 해상풍력단지 설치 문제를 융합적으로 해결하기]

	• 대정지역 해상풍력단지 설치 문제 해결 방안, 기대 효과, 실현 가능성이 담긴 정책 제안서 쓰기 • 자신의 진로/관심사의 관점에서 대정지역 해상풍력단지 설치 문제 해결 방안 혹은 추가적으로 탐구할 점 제안하기 • 융합수업을 하며 느낀 점, 새롭게 알게 된 점, 어려웠던 점, 융합수업의 필요성에 대해 성찰하기

- 취미와 흥미 추구

고등학교에 개설된 다양한 과목 중에서 학생들이 스스로 선택할 수 있는 것은 생애 전반에 걸쳐 삶을 설계하고 관리할 수 있는 능력을 키우는 과정이다. 학생들의 꿈과 희망은 각기 다르기 때문에, 자신의 꿈과 희망에 부합하는 과목을 선택하는 것이 중요하다.

학생들은 '무엇을 좋아하는지(흥미)'와 '무엇을 잘 하는지(적성)'를 고려하여 과목을 선택해야 한다. 고등학교 졸업 후 진로에 대해 고민한 다음, 대학 진학을 목표로 한다면 어떤 과목이 좋은지, 대학 진학을 목표로 하지 않는다면 어떤 과목이 필요하고 배우고 싶은지를 찾아야 한다.

국가 교육과정의 조건을 충족하기 위한 일부 제한(필수 과목 및 선택 범위의 제약)을 제외하고, 학생들은 과목을 자유롭게 선택할 수 있다. 선생님과 주변 사람들의 도움을 받아 자신의 적성과 진로를 고려하여 과목을 신중하게 선택하고, 성실히 학습하여 성장할 수 있다. 무슨 과목을 선택하든, 열심히 공부하여 자신의 선택에 대한 책임을 지는 자세가 필요하다.

진로를 고려하여 과목을 선택하고, 선택한 과목을 충실히 학습하는 것은 대학 입학 전형 중 학생부 종합전형과 관련이 깊다. 학생부 종합전형은 학생의 성장 과정에서의 성취 결과와 발전 가능성, 잠재력을 평가하는 전형이다. 학생이 선택한 과목을 전공 관련 관심, 노력, 적성, 소질, 자기 주도성, 발전 가능성 등의 관점에서 평가하여 선발하려고 한다. 이를 위해, 학생이 대학에서 수학할 전공 관련 과목을 스스로 선택하여 이수한 것은 전공에 대한 흥미와 관심을 평가하는 요소로 작용하며, 이수 과목의 수준, 경향성, 다양한 교과 교육 경험 등을 활용하여 고교 교육 활동 전반을 고려한다.

일반 선택 과목은 고등학교에서 교과별 학문의 기본적 이해를 바탕으로 한 과목이고, 진로 선택 과목은 교과 융합학습, 진로 안내학습, 교과별 심화학습, 실생활 체험학습 등이 가능한 과목으로 구성되어 있다. 일반 선택 과목 위주로 선택하되, 진로와 흥미에 맞는 진로 선택 과목이 있다면 선택하면 된다.

대학 진학을 희망한다면, 대학에서 공부할 기초가 되는 과목을 배워야 한다. 특히 수학과 과학이 필요한 전공에 지원할 경우, 수학과 과학 과목을 충분히 이수하는 것이 중요하다.

학과별로 배워야 하는 과목에 대해 자세히 알고 싶다면, 대학의 전공 안내서를 참고하면 된다. 대학에서 제공하는 학과 소개나 교육과정을 통해 고등학교에서 어떤 과목을 공부해야 하는지 알 수 있다.

자연계열 분야로 진로를 정한 학생은 수학과 과학을 깊이 있는 수준까지 배울 수 있도록 선택해야 한다. 수학 과목 중 '확률과 통계', '기하'와 '미적분'을 배우며, 과학은 2학년에서 Ⅰ과목을 배우고 3학년에서는 Ⅱ과목까지 선택하여 학습하는 것을 권장한다. 과학 Ⅰ의 4과목을 모두 배울 수 없다면, 진로를 고려해 필요한 과목을 선택하여야 한다. 이공계열은 물리학과 화학을 필요로 하는 분야가 많으므로 선택에 유의해야 한다.

만약, 자연계열 진로를 희망하지 않아도, 수학 과목을 적극적으로 선택하는 것이 좋다. 문·이과 통합은 인문사회계열 진학을 희망하는 학생도 수학이나 과학을 배울 수 있도록 하고자 하는 목적이다. 대학 진학을 희망하는 학생이라면, '확률과 통계'는 반드시 배우고, 진로 희망에 따라 '미적분'까지도 선택할 수 있다.

진로를 정하지 못한 학생은 2학년에서 과학 Ⅰ과목 중 1~2과목을 이수하면 좋다. 인문사회계열로 결정하는 경우에는 3학년에서 관련 과목을 이수하면 되고, 자연계열로 결정할 경우에는 3학년에서 과학 Ⅱ 과목을 선택하면 된다.

선택 과목 중에는 위계가 있는 과목이 있으므로 2, 3학년에서 배울 과목의 학습 순서를 고려해야 한다. 과학, 한문, 제2외국어 교과목처럼 Ⅰ과 Ⅱ로 구분되어 있는 과목의 경우 특별한 경우를 제외하고는 Ⅰ을 먼저 배우고 Ⅱ를 배운다. 수학교과의 경우는 '수학 Ⅰ'을 먼저 배우고 '수학 Ⅱ'를 배워도 되고, '수학 Ⅰ'과 '수학 Ⅱ'를 병행해서 배워도 됩니다. '경제 수학'은 '수학 Ⅰ'을 배운 후에 배울 수 있으며, '미적분'은 '수학 Ⅰ', '수학 Ⅱ'를 모두 학습한 후에 배울 수 있다.

<일반 선택 과목의 위계>

<진로 선택 과목의 위계>

결론적으로, 고등학교에서 과목을 선택할 때는 자신의 진로와 흥미를 고려하여 일반 선택 과목과 진로 선택 과목을 잘 선정해야 한다. 대학 진학을 희망하는 경우, 학과별로 필요한 과목을 미리 알아보고 이를 고려하여 과목을 선택해야 한다. 자연계열과 인문사회계열 모두 수학과 과학 과목을 적절히 배울 수 있도록 하며, 아직 진로를 정하지 못한 학생은 과학 과목을 적절히 이수하여 나중에 선택의 폭을 좁히지 않도록 하는 것이 권장된다. 마지막으로, 과목의 위계와 학습 순서를 고려하여 과목을 선택해야 한다.

선택 과목 중에는 대학수학능력시험의 범위에 해당하는 과목이 있다. 수능에서 좋은 성적을 받기 위한 과목만을 위주로 선택하는 것도 바람직하지 않지만, 수능을 전혀 고려하지 않고 선택하는 것도 문제가 될 수 있다.

학생이 배우기를 희망하는 과목일지라도 학교 여건상 배우기 어려운 과목이 있을 수 있다. 이 경우에는 교육청 별로 주관하는 학교 간 협력 교육과정(거점형, 공유형, 온라인형)을 이용할 수 있다.

거점형 교육과정은 특정 학교가 전문화된 과목을 다른 학교 학생들에게 제공하는 방식이다. 공유형 교육과정은 인접한 학교들이 서로 전문화된 과목을 공유하여 학생들이 이를 선택할 수 있게 한다. 온라인형 교육과정은 인터넷을 통해 다양한 과목을 제공하는 방식으로, 이를 통해 학생들은 자신의 흥미와 진로에 맞는 과목을 선택할 수 있다.

이러한 학교 간 협력 교육과정을 통해, 학생들은 자신이 희망하는 과목을 배울 기회를 더 많이 갖게 된다. 또한, 이를 통해 학생들은 자신의 흥미와 능력에 맞는 다양한 과목을 접할 수 있어, 전반적인 학업 역량과 진로 탐색 능력이 향상될 것이다. 따라서, 학생들은 학교 여건상 배우기 어려운 과목이 있을 경우 이러한 협력 교육과정을 활용하여 자신의 교육 경험을 풍부하게 할 수 있다.

- 적성 발견의 기회

계열별로 학생들이 선택할 수 있는 예시는 다음과 같다. 학생들은 자신이 잘 할 수 있는 과목을 중심으로 진로·진학을 결정하거나, 또는 자신의 진로 희망에 해당하는 대학 전공의 교육과정에 부합하도록 고등학교에서 과목을 선택할 때 종합적으로 참고할 수 있다.

주의해야 할 점은 이것은 단지 예시일 뿐이므로, 이 책에서 제시되지 않은 과목을 선택했다고 해서 잘못된 것은 아니라는 점이다. 또한 대학마다 전공 및 전공기초 과목이 조금씩 다를 수 있으므로, 관심 있는 대학의 홈페이지에서 지원하고자 하는 학과의 교육과정을 확인할 필요가 있다.

▶ 인문계열

인문계열 모형은 언어와 문화를 탐구하는 데 초점을 맞춘 선택이다. 제2외국어는 Ⅱ 수준까지 선택할 수 있다. 언어 소통 능력뿐만 아니라 다양한 문학과 문화를 배우고 경험하는 분야이기 때문에, 생활과 윤리, 사회·문화, 세계사, 세계지리, 윤리와 사상 등 사회 교과의 과목도 충분히 선택할 수 있다.

인문계열에서는 다양한 언어와 문화에 대한 이해를 바탕으로 글로벌 시대에 필요한 국제적 소양을 기르는 것이 중요하다. 또한 국어와 외국어 능력을 향상시키는 데 초점을 맞추면서, 인문학적 소양을 갖추기 위해 역사, 지리, 철학 등의 과목을 고려할 수도 있다.

인문계열 학생들은 미래 진로와 관련하여 다양한 분야에서 일할 수 있다. 이러한 분야에는 번역·통역, 언어 교육, 언론·미디어, 문화·예술 관련 산업 등이 포함된다. 따라서 학생들은 자신의 흥미와 능력에 따라 진로를 결정하고, 그에 맞는 과목을 선택하여 다양한 언어와 문화에 대한 이해를 높일 수 있다.

구분	1	2	3
기초	국어, 수학, 영어, 한국사	화법과 작문, 독서, 언어와 매체, 문학, 고전 읽기, 수학Ⅰ, 수학Ⅱ, 확률과 통계 영어 회화, 영어Ⅰ, 영어 독해와 작문, 영어Ⅱ, 영미 문학 읽기	
탐구	통합사회	한국지리, 세계지리, 세계사, 동아시아사, 경제, 정치와 법, 사회·문화, 생활과 윤리, 윤리와 사상, 사회 문제 탐구 중 택 4~6	
	통합과학, 과학 탐구 실험	물리학Ⅰ, 화학Ⅰ, 생명과학Ⅰ, 지구과학Ⅰ, 생활과 과학 중 택 1~2	
체육예술	체육, 음악. 미술	운동과 건강, 스포츠 생활, 음악 감상과 비평, 미술 감상과 비평	
생활교양	철학, 논술, 논리학 중 택 1~2, 제2외국어Ⅰ, 한문Ⅰ, 제2외국어Ⅱ, 한문Ⅱ 중 택 2~3		

▶ 상경계열

논리적이고 분석적인 사고력을 기르기 위해 수학을 충분히 선택하는 것이 좋다. 또한, 국제 감각을 익히기 위해 정치와 법, 경제뿐만 아니라 세계사, 세계지리 등 사회 교과의 과목도 광범위하게 선택할 수 있다.

이러한 선택을 통해 학생들은 다양한 사회과학 분야에 대한 깊이 있는 이해를 발전시킬 수 있으며, 현대 사회의 다양한 이슈와 문제를 논리적으로 분석하고 해결할 능력을 키울 수 있다. 뿐만 아니라, 국제적인 시각과 통찰력을 키우는 데도 도움이 된다.

수학과 사회과학 과목을 기반으로 한 학문 분야는 금융, 경제, 통계, 정치학, 사회학 등 다양한 진로를 제공한다. 학생들은 자신의 흥미와 능력에 따라 진로를 결정하고, 그에 맞는 과목을 선택하여 논리적이고 분석적인 사고력 및 국제 감각을 함양할 수 있다.

구분	1	2	3
기초	국어, 수학, 영어, 한국사	화법과 작문, 독서, 언어와 매체, 문학, 수학Ⅰ, 수학Ⅱ, 확률과 통계, 경제 수학(미적분)* 영어 회화, 영어Ⅰ, 영어 독해와 작문, 영어Ⅱ	
탐구	통합사회	한국지리, 세계지리, 세계사, 동아시아사, 경제, 정치와 법, 사회·문화, 생활과 윤리, 윤리와 사상, 사회문제 탐구 중 택 4~6	
	통합과학, 과학 탐구 실험	물리학Ⅰ, 화학Ⅰ, 생명과학Ⅰ, 지구과학Ⅰ, 생활과 과학 중 택 1~2	
체육예술	체육, 음악. 미술	운동과 건강, 스포츠 생활, 음악 감상과 비평, 미술 감상과 비평	
생활교양	정보, 심리학, 실용 경제 중 택 0~2, 제2외국어Ⅰ, 한문Ⅰ, 제2외국어Ⅱ 중 택 1~3		

*경제 수학을 배울 수 없는 경우 차선책으로 미적분을 선택할 수도 있다.

▶ 간호, 보건계열

이 분야의 직무를 수행하기에 필요한 것은 생명과학, 화학적인 지식뿐만 아니라, 환자를 이해하고 배려하는 따뜻한 마음이다. 화학, 생명과학은 심화 수준까지 선택하고, 생활과 윤리, 정치와 법, 사회·문화, 심리학, 보건 등 인간에 대한 이해를 돕는 과목도 선택할 수 있다.

이러한 과목 선택을 통해 학생들은 의료 분야에서 필요한 전문적인 지식과 인간에 대한 이해를 동시에 발전시킬 수 있다. 따뜻한 마음과 인간에 대한 이해는 환자와의 관계를 더욱 강화시키고, 효과적인 치료와 의료 서비스를 제공하는 데 도움이 된다.

의료 분야에서의 진로는 의사, 간호사, 약사, 영양사 등 다양하게 존재한다. 학생들은 자신의 흥미와 능력에 따라 진로를 결정하고, 그에 맞는 과목을 선택하여 전문적인 지식과 인간에 대한 이해를 함양할 수 있다. 이를 바탕으로 의료 분야에서 성공적인 경력을 쌓아 나갈 수 있다.

구분	1	2	3
기초	국어, 수학, 영어, 한국사	화법과 작문, 독서, 언어와 매체, 문학 수학Ⅰ, 수학Ⅱ, 확률과 통계, (미적분)* 영어 회화, 영어Ⅰ, 영어 독해와 작문, 영어Ⅱ	
탐구	통합사회	정치와 법, 사회·문화, 생활과 윤리, 사회문제 탐구 중 택 2~3	
	통합과학, 과학 탐구 실험	화학Ⅰ, 생명과학Ⅰ	화학Ⅱ, 생명과학Ⅱ
체육예술	체육, 음악. 미술	운동과 건강, 스포츠 생활, 음악 감상과 비평, 미술 감상과 비평	
생활교양	제2외국어Ⅰ, 한문Ⅰ 중 택 1~2 심리학, 보건, 제2외국어Ⅱ 중 택 2~3		

*상위권 학생의 경우 미적분을 선택하는 경우도 있을 것이다.

▶ 자연계열

과학 네 분야의 과목을 모두 배우고, 특히 관심이 있는 분야는 심화 수준까지 배울 수 있도록 선택한다. 수학도 충분히 배울 필요가 있으며, 정보나 가정과학도 자연과학과 연결되는 과목이므로 고려할 수 있다.

이러한 방식으로 과목을 선택하면, 학생들은 다양한 과학 분야에 대한 전문적인 지식을 쌓을 수 있다. 수학과 정보, 가정과학과 같은 관련 과목도 함께 공부하면 이론적인 배경과 실제 응용 사례를 더 잘 이해할 수 있다.

자연과학 분야에서의 진로는 과학 연구원, 공학자, 의료 전문가 등 다양한 직업을 포함한다. 학생들은 자신의 흥미와 능력에 따라 진로를 결정하고, 그에 맞는 과목을 선택하여 전문적인 지식을 함양할 수 있다. 이를 바탕으로 자연과학 분야에서 성공적인 경력을 쌓아 나갈 수 있다.

구분	1	2	3
기초	국어, 수학, 영어, 한국사	화법과 작문, 독서, 언어와 매체, 문학 수학Ⅰ, 수학Ⅱ, 미적분, 확률과 통계, 기하 영어 회화, 영어Ⅰ, 영어 독해와 작문, 영어Ⅱ	
탐구	통합사회	사회·문화, 여행지리* 중 택 1~2	
	통합과학, 과학 탐구 실험	물리학Ⅰ, 화학Ⅰ, 생명과학Ⅰ, 지구과학Ⅰ 중 택 3~4	물리학Ⅱ, 화학Ⅱ, 생명과학Ⅱ, 지구과학Ⅱ, 생활과 과학, 융합과학 중 택 2~3
체육예술	체육, 음악. 미술	운동과 건강, 스포츠 생활, 음악 감상과 비평, 미술 감상과 비평	
생활교양	제2외국어Ⅰ, 한문Ⅰ 중 택 1~2 정보, 인공지능 기초, 보건, 환경, 가정과학 중 택 1~2		

*여행지리 과목은 타 과목에 비해 학습부담이 적은 편이다.

▶ 공학계열

공대에서는 수학이 기본이다. 미적분, 기하까지 배울 필요가 있으며 영어도 놓치지 않아야 한다. 가능하다면 과학 네 분야의 과목을 모두 배우고, 그 중 일부는 심화 수준까지 배울 수 있도록 선택할 수 있다.

이러한 과목 선택은 공학 분야에서 필요한 수학적 지식과 과학적 원리를 충분히 이해하고 습득하는 데 도움이 된다. 또한 영어 능력은 국제적인 공학 커뮤니티에서 원활한 소통을 가능하게 하여, 다양한 연구와 프로젝트에 참여하는 기반이 될 것이다.

공학 분야에서의 진로는 건축, 기계, 전자, 컴퓨터, 환경 등 다양한 전공을 포함하며, 학생들은 자신의 흥미와 능력에 따라 전공을 선택할 수 있다. 이에 맞는 과목들을 선택하고 전문적인 지식을 함양하면 공학 분야에서 성공적인 경력을 쌓아 나갈 수 있다.

구분	1	2	3
기초	국어, 수학, 영어, 한국사	화법과 작문, 독서, 언어와 매체, 문학 수학Ⅰ, 수학Ⅱ, 미적분, 확률과 통계, 기하, 인공지능 수학 영어Ⅰ, 영어 독해와 작문, 영어Ⅱ	
탐구	통합사회	사회·문화, 생활과 윤리, 여행지리* 중 택 1~2	
	통합과학, 과학 탐구 실험	물리학Ⅰ, 화학Ⅰ, 생명과학Ⅰ, 지구과학Ⅰ 중 택 3~4	
체육예술	체육, 음악. 미술	운동과 건강, 스포츠 생활, 음악 감상과 비평, 미술 감상과 비평	
생활교양	제2외국어Ⅰ, 한문Ⅰ 중 택 1~2 환경, 인공지능 기초, 공학 일반, 가정과학 중 택 1~2		

*여행지리 과목은 타 과목에 비해 학습부담이 적은 편이다.

▶ 예체능계열

예체능 계열 진학에 관심이 많은 학생들은 고등학교 수준에서도 음악 지식을 더욱 향상시킬 수 있다. 학교에서 개설되지 않은 경우에도 가까운 거점학교를 활용하여 학습할 수 있다. 다양한 나라의 음악에 관심이 있다면 해당 국가의 언어, 역사, 지리와 관련된 과목을 선택하는 것도 좋은 선택이 될 수 있을 것이다.

음악, 미술, 예술, 체육 분야의 과목은 일반고에서는 개설되기 어려운 과목이므로 예술특성화 고등학교에 진학하거나, 공동교육과정 교과를 이수할 수 있는 방안을 찾아보아야 할 것이다.

구분	1	2	3
기초	국어, 수학, 영어, 한국사	화법과 작문, 독서, 언어와 매체, 문학 , 고전 읽기 수학Ⅰ, 경제수학*, 확률과 통계 영어 회화, 영어Ⅰ, 영어권 문화*	
탐구	통합사회	세계사, 경제, 사회·문화, 생활과 윤리, 여행지리 중 택 3~4	
	통합과학, 과학 탐구 실험	물리학Ⅰ, 화학Ⅰ, 생명과학Ⅰ, 지구과학Ⅰ, 생활과 과학 중 택 1~3	
체육예술	체육, 음악. 미술	운동과 건강, 스포츠 생활, 음악 감상과 비평, 미술 감상과 비평	
		음악: 음악 이론, 음악 연주, 시창·청음, 음악 전공 실기	
		미술: 미술 창작, 평면 도형, 미술 전공 실기	
		예술: 연기, 시나리오, 연극의 이해, 연극 감상과 비평	

		체육: 체육 탐구, 스포츠 개론, 체육 전공 실기 기초
생활교양		제2외국어Ⅰ, 한문Ⅰ 중 택 1~2 교육학, 심리학, 보건, 가정과학 중 택 1~3

*경제수학 과목은 타 과목에 비해 학습부담이 적은 편이다.

*영어권문화 과목은 타 과목에 비해 학습부담이 적은 편이다.

*여행지리 과목은 타 과목에 비해 학습부담이 적은 편이다.

▶ 취업을 목표로 하는 경우

졸업 후 취업을 준비하는 학생들의 경우, 고등학교 재학 중 일부 기간 동안 취업 준비에 집중할 수 있다. 이러한 학생들은 고등학교 단계에서 컴퓨터나 경영 관련 과목을 적극적으로 선택하여 지식을 쌓는 것이 좋을 수 있다. 또한, 학생들이 관심 있는 분야와 자신이 잘할 수 있는 과목에 열심히 노력하면, 예상치 못한 기회에서 자신의 가치와 능력을 발견할 수 있다.

이렇게 다양한 과목을 열심히 공부하면, 학생들은 사회에 나가서 어떤 도전이든 성공적으로 이루어낼 수 있는 힘을 기를 수 있다. 무엇보다도 자신의 능력과 흥미를 발견하고 개발함으로써, 졸업 후 취업 시장에서 더욱 경쟁력을 갖추게 될 것이다. 이러한 과정에서 학생들은 자신만의 독특한 경력을 구축하고, 취업 후에도 성공적인 커리어를 이루어낼 수 있을 것이다.

특히, 생활인으로서의 상식와 사회적 소양을 위해서도 고등학교에서 배우는 교과목에 대한 이해가 더욱 중요할 것이다 .

구분	1	2	3
기초	국어, 수학, 영어, 한국사	화법과 작문, 독서, 문학, 실용 국어 수학Ⅰ, 경제수학*, 실용 수학 영어 회화, 영어Ⅰ, 영어 독해와 작문, 실용 영어, 영어권 문화*	
탐구	통합사회	한국지리, 정치와 법, 사회·문화, 생활과 윤리, 여행지리*중 택 3~4	
	통합과학, 과학 탐구 실험	물리학Ⅰ, 화학Ⅰ, 생명과학Ⅰ, 지구과학Ⅰ, 생활과 과학 중 택 1~3	
체육예술	체육, 음악. 미술	운동과 건강, 스포츠 생활, 음악 감상과 비평, 미술 창작, 미술 감상과 비평	
생활교양	제2외국어Ⅰ, 한문Ⅰ 중 택 1~2 실용 경제, 지식 재산 일반, 컴퓨터 구조 중 택 2~3		

*경제수학 과목은 타 과목에 비해 학습부담이 적은 편이다.

*영어권문화 과목은 타 과목에 비해 학습부담이 적은 편이다.

*여행지리 과목은 타 과목에 비해 학습부담이 적은 편이다.

06
다정한 격려

고등학교 진학을 앞둔 학생들에게, 고교학점제 선택과목은 불안과 두려움의 원인이 될 수 있다고 생각된다. 하지만 이러한 두려움을 극복하는 과정에서 학생들을 스스로 자신의 적성과 흥미를 발견하고, 그것을 발전시킬 수 있는 기회를 얻게 될 것이다. 막연한 두려움을 극복하고 고교학점제 선택과목을 성공적으로 이끌어낼 수 있는 방법들을 소개하겠다.

- 고등학교 진학을 위한 격려와 동기부여

고등학교 진학을 앞두고 학생들은 많은 두려움을 가지고 있을 것이다. 학습부담과 생활환경 변화로 인하여 학생들은 어렵고 힘든 시기를 겪게 될 수 있다. 하지만 새로운 도전과 변화는 성장의 기회이기도 하다.

우선, 학습부담에 대한 걱정은 당연한 일이다. 중학교와 고등학교에서의 학습 내용이 다르고, 수업 방식이나 과목이 늘어나기 때문이다. 하지만 이러한 변화를 긍정적으로 받아들이고, 여러분들만의 학습 전략을 세우면 분명 성공할 수 있다. 고등학교에서 배우게 될 새로운 지식은 학생 스스로 세상을 더 깊이 이해하고, 다양한 경험을 쌓게 될 기반이 될 것이다.

또한, 생활환경의 변화에 대해서도 두려움이 있을 것이다. 친한 친구들과 떨어져 고등학교에 진학하게 될 수도 있고, 새로운 친구들과 친해지려면 시간이 필요할 수도 있다. 하지만 이 또한 성장의 기회이다. 새로운 환경에서 여러분들은 다양한 사람들과 만나고, 그들로부터 배울 수 있는 것이 많을 것이다. 고등학교에서 만난 친구들과 소통하고 협력하며, 인간관계 능력을 키울 수 있다.

고등학교에서 만나게 될 새로운 친구들과 선생님들은 여러분의 인생에서 소중한 인연이 될 것이며, 그들과 함께 쌓아가는 추억들은 여러분의 인생에서 소중한 경험이 될 것이다. 또한, 고등학교에서의 동아리 활동이나 자율학습 등 다양한 활동들은 여러분의 새로운 관심사를 발견하게 하고, 그것을 통해 새로운 역량을 키울 수 있다.

그러므로, 고등학교 진학에 대한 두려움을 극복하기 위해서는 긍정적인 마음가짐이 중요하다. 변화를 두려워하기보다는 새로운 도전을 기다리며, 여러분들의 적성과 관심사를 찾아 나아갈 수 있는 기회로 생각해보자. 고등학교에서의 경험은 여러분들이 미래에 좀 더 풍요로운 인생을 살아가는 데 큰 도움이 될 것이다.

고등학교는 중학교와 비교해 더 큰 도전과 기회가 기다리고 있는 곳이다. 고등학교에서 성취도를 높이기 위해서는 꾸준한 학습이 필수이다. 매일 조금씩, 꾸준히 공부하면서 자신의 약점을 보완하고 강점을 더욱 발전시키는 것이 중요하다.

또한, 목표를 세우고 이를 달성하기 위한 계획을 세워야 한다. 자신이 얼마나 성장하고 싶은지, 어떤 진로를 원하는지 명확하게 정한 후 이를 위해 노력하는 것이 중요하다. 목표를 세우면서 자신의 능력과 현실을 고려해야 하며, 실현 가능한 목표를 세우고 이를 달성하기 위해 끈기 있게 도전해야 한다.

그리고, 본인의 학습 스타일과 방법을 찾아야 한다. 공부를 할 때 어떤 방법이 자신에게 가장 효과적인지 찾아야 한다. 그리고 자신만의 학습법을 통해 시간을 효율적으로 활용하며 지식을 획득할 수 있다.

뿐만 아니라, 학습 환경도 성취도에 큰 영향을 미친다. 조용한 공간에서 공부를 할 수 있는 환경을 만들거나, 학습 동기를 높일 수 있는 친구들과 함께 공부하는 것도 좋다. 또한, 자주 사용하는 학습 도구와 자료를 체계적으로 정리하고 관리하는 것도 중요하다.

- 예비 고등학생을 위한 조언

왜 고등학교 1학년 학생들이 학교생활에 적응하는 것을 어려워 할까?

고등학교에서만 근무하다 중학교로 학교급을 바꾸어 근무해보니 그 이유를 명확하게 알게 되었다. 고등학교 1학년에서 어려움을 겪는 학생들이 많은 이유 중 하나는, 평가 방식의 변화 때문이다. 고등학교에서는 중학교와는 달리 상대평가가 적용되기 때문에, 자신의 성적이 다른 학생들과 어떤 관계인지를 파악하고 대처하는 것이 중요하다.

중학교에서는 절대평가 방식이 적용되기 때문에, 학생들은 지식의 이해를 중점으로 평가를 치뤘다. 학습자의 지식 정도도 직관적으로 쉽게 파악할 수 있었다. 그러나 고등학교에서는 상대평가 방식이 적용되기 때문에, 자신의 성적이 다른 학생들과 비교되어야 한다. 복잡한 내신 산출방법이 있고, 수강인원에 따른 등급별 유불리까지 고려하면 내신 점수 받는 것이 결코 쉽지가 않다.

상대평가 방식에서는, 자신의 성적이 다른 학생들과 비교되어 등수가 결정된다. 따라서, 자신의 성적이 다른 학생들과 비교해서 좋은 성적을 받으려면, 더욱 열심히 공부해야 한다. 또한, 다른 학생들보다 뒤쳐지면 등수가 낮아지므로, 자신의 위치를 파악하고 대처하는 것이 중요하다.

이러한 상황에서, 고등학교 1학년 학생들은 상대평가 방식에 대한 이해가 미흡할 수 있다. 그리고, 상대평가 방식에서는 한 과목에서 공부를 열심히 한다고 해서 반드시 좋은 성적을 받을 수 있는 것은 아니다. 따라서, 고등학교 1학년 학생들은 자신의 성적을 올리기 위해 더욱 노력해야 한다.

또한, 고등학교에서는 과목의 난이도가 중학교에 비해 더욱 어려워진다. 이에 따라, 학생들은 과목에 대한 이해도를 높이기 위해 더욱 노력해야 한다. 이를 위해서는, 교과서나 참고서를 꼼꼼히 읽고, 교사나 친구들과 함께 공부하는 것이 좋다.

고등학교에서 자신보다 더 뛰어난 학생들을 보면, 학생들은 자신이 아직 부족한 점이 많다는 것을 깨닫게 될 수 있다. 이 과정에서 더 많은 노력을 하고, 더 많이 배우고 성장할 수 있다. 고등학교에서는 학생들이 노력을 아끼지 않고 자신의 역량을 최대한 발휘할 수 있는 환경이 조성된다.

상대평가로 인한 경쟁은 학생들에게 불안감과 부담감을 느끼게 할 수도 있다. 그러나 이러한 감정을 극복하는 것은 학생들에게 큰 도전이다. 이때 가장 중요한 것은, 자신의 역량과 가능성을 믿는 것이다. 모든 학생들은 그 자신에게만 있는 장점과 장기를 가지고 있다. 성적이 중요한 것은 사실이지만, 성적만이 모든 것이 아니라는 것도 기억해야 한다. 학생들은 성적을 향상시키기 위해 노력하는 것은 중요하지만, 동시에 자신의 역량을 개발하고, 다양한 경험을 쌓아나가는 것도 중요하다.

따라서, 상대평가에서 학생들은 자신을 믿고, 노력하는 자세를 가져야 한다. 자신과 경쟁하는 것이 아닌, 자신의 성장과 발전을 위해 노력해야 한다. 또한, 학생들은 자신에게 동기부여를 주는 목표와 계획을 세우는 것이 중요하다. 어떤 성적을 받고자 하는 것보다, 어떤 실력을 가지고자 하는 것에 초점을 맞추어야 한다. 자신에게 필요한 역량을 파악하고, 그것을 개발하기 위해 노력해야 한다.

학생들은 자신의 역량을 인정하고, 자신이 가지고 있는 장점과 장기를 최대한 발휘해 나가야 한다. 누구나 자신만의 특별한 장점과 장기를 가지고 있다. 따라서, 자신의 장점을 찾아내고, 그것을 최대한 활용해야 한다. 노력과 열정이 있으면 불가능한 것은 없다. 학생들은 상대평가를 통해 더욱 발전하고, 더욱 뛰어난 인재가 될 것이다.

고등학교 1학년에서 어려움을 겪는 또다른 이유는 너무 많은 선택권이 학생에게 주어진다는 것이다. 학교에서 공통으로 진행하는 과목만 이수하면 되었던 중학교 때와는 달리, 고등학교에서는 1학년의 '공통과목'을 제외하고는 모두 학생의 선택으로 과목이 결정된다. 모두가 각자 다른 시간표를 가지고 스스로의 전공적합성과 직업흥미에 따른 교과목을 이수하게 되는 것이다.

이로 인해 고등학교 1학년 학생들은 자신의 적성과 흥미에 따른 과목 선택에 대한 고민과 부담을 느끼게 된다. 이러한 선택권은 학생들에게 자율성을 부여하고, 더 많은 기회를 제공하지만, 동시에 결정을 내리기 어려운 상황을 초래하기도 한다.

고등학교에 진학한 후에 크게 당황하지 않으려면, 미리 고입원서 작성 단계부터 자신의 진로를 명확하게 설계하는 것이 중요하다. 고입을 위해 각 고등학교에서는 학교교육과정 설명회를 통해 자신의 학교 교육과정을 설명한다. 미리 관심있는 학교 3곳 정도를 정해서 전체 교육과정 편제표를 확인하는 것이 좋다.

이 때 자신의 희망분야를 정해놓으면 자신에게 필요한 교과목을 운영하고 있는 고등학교를 선택하는 데 도움이 된다. 교육청에서 학교에서 운영하기 어려운 과목을 공동교육과정으로 운영하고 있는 것도 미리 알아두면 좋다. 특히, 오프라인 공동교육과정은 재학중인 학교와 인접한 학교를 묶어 과목을 개설하여 운영하게 된다. 따라서 어느 학교에서 교육과정을 운영하는지 알고 있으면 학교생활을 계획하는데 도움이 된다. 특히, 오프라인 공동교육과정 운영교는 재학생을 우선선발하는 혜택이 있으므로 자신이 꼭 들어야 하는 교과목의 운영교라면 전략적으로 지원하는 것도 생각해 볼 만하다.

고등학교 1학년에서 많은 선택권이 주어지는 것은 학생들이 자신의 미래와 진로를 결정하는 데 도움을 주는 중요한 과정이다. 하지만, 이러한 선택권은 동시에 많은 혼란과 어려움을 초래할 수 있다. 학생들은 어떤 과목을 선택해야 할지, 어떤 진로에 적합한지 판단하기 어렵고, 때로는 이러한 선택의 결과로 스트레스를 겪을 수도 있다.

이런 어려움을 극복하기 위해, 학생들은 먼저 자신의 흥미와 적성을 파악하는 것이 중요하다. 여러 가지 과목을 경험해 보면서 자신이 어떤 분야에 관심이 있고, 무엇을 잘할 수 있는지 알아가는 과정이 필요하다. 이를 위해 학교에서 제공하는 진로 상담을 이용하거나, 선배들과 상담을 통해 자신에게 맞는 전공과 직업에 대한 정보를 얻을 수 있다.

또한, 과목 선택에 있어서는 유연한 사고를 갖는 것도 중요하다. 처음에 선택한 과목이 만족스럽지 않다면, 다음 학기에 다른 과목을 시도해보는 것도 좋다. 학기마다 과목을 바꿔보며 다양한 경험을 통해 자신에게 맞는 분야를 찾아가는 것이 중요하다.

고등학교에 입학하고 나면 3월에 학부모 총회가 열린다. 가능하면 꼭 참석하는 것을 권장한다. 학부모 뿐만 아니라 학생도 참석하여 정보를 듣는 것을 추천한다. 고등학교 입학설명회가 중요한 이유는 학교의 입시결과보고가 있기 때문이다.

해당학교의 졸업생이 어떤 학교에 진학하였다는 실제 데이터는 학교가 해당 대학에 얼마만큼의 정보와 전략을 가지고 있는지를 알 수 있는 기준이 된다. 만약 학생이 지망하는 대학에 입시실적이 없는 고등학교라면, 학교에서 제공하는 활동만으로는 대입에 불리할 수 있다는 것이므로 추가적인 노력이 필요한 것이다.

중학교에서는 학생들은 학문의 기초, 과목의 기본기를 배운다면, 고등학교에서는 대학진학과 사회생활을 위한 준비가 이루어진다. 의무교육과정인 중학교에서는 학생들에게 기초적인 사회활동방법을 위주로 교육을 진행했다면, 고등학교에서는 실제적인 사회생활을 앞두고 어떻게 살아가야 할지에 대한 다양한 시도를 해보게 된다. 수 많은 선택이 주어지고, 선택에 대한 결과를 예측할 수 없다고 두려워 할 것이 아니라 적극적으로 미래를 준비하는 자세를 가지면 성공적인 고등학교 생활을 할 수 있을 것이다.